당신은 이렇게 죽을 것이다

# 당신은 이렇게 죽을 것이다.

백승철 지음

언젠가는 떠나야 할,
인생의 마지막 여행이 될
죽음에 대한 첫 안내서

쌤앤파커스

# 차례

# 죽음이라는 마지막 여행을 준비하며

　어린 시절을 생각하면 담배 냄새가 짙게 배 있던 시골집 별채에 홀로 머무르고 계셨던 할아버지가 떠오릅니다. 그 당시 할아버지께서는 건강이 많이 좋지 않으셨던 것으로 기억합니다. 한약 몇 첩을 지어 드신 것 외에는 병원에 입원하신다거나 정밀 검사를 받아보지 않으셨기 때문에 정확한 병명은 불확실합니다. 다만 독한 담배를 오래 즐기셨고 말년에 기침을 자주 하셨다 보니 주변에서는 막연하게 폐병을 앓고 계시리라고 짐작만 하고 있었던 듯합니다. 당시 시골 노인 분들은 본인이 살던 집에서 시름시름 앓다가 돌아가시는 경우가 많다

보니 '사람이 살다가 그렇게 죽는 것이지' 하는 식으로
그러한 상황을 당연시 여기는 분위기가 있었습니다.

시골집을 떠나는 날 아침이면 할아버지, 아버지와
함께 삼 대가 식사를 했지만 할아버지와는 대화를 하지
않았습니다. 사실 그 식사 시간은 물론이고 시골집에
도착해서 떠날 때까지도 할아버지와 대화를 나눈
기억이 거의 없습니다. 지금까지 또렷이 기억하는,
할아버지와의 거의 유일한 대화는 어느 날 시골집을
떠나던 날 있었습니다. 아침 식사를 마치고 일어나려는데
할아버지께서 내게 "너는 내년에 몇 살이 되니?"라고
물으셨습니다.

정확한 속내를 알 수 없는 질문을 하셨던 그해 겨울,
할아버지는 죽음을 맞이하셨습니다. 그렇게 장례를
치르며 동네 사람들이 상여를 메고 서리가 내린 산을
오르던 모습이 지금도 선합니다.


아버지는 만성 폐쇄성 폐 질환과 폐암으로 오랫동안
병고에 시달리셨습니다. 대부분의 말기 환자가 그렇듯

그 시간 동안 응급실, 입원실, 중환자실을 수차례 오가는 어려운 시기를 보내셨습니다. 병원에서 아버지는 인공호흡기, 콧줄, 소변줄을 포함해 각종 모니터링 기기와 혈관 주입 라인 등 말기 환자 주변에서 흔히 볼 수 있는 거의 모든 장치에 둘러싸여 계셨습니다. 이 모든 것들이 너무도 불편하고 불쾌했을 텐데도 의사인 아들의 체면을 살려주시려 했는지 단 한 마디 불평 없이 잘 참아내셨습니다.

생전에 아버지는 친구 분들이 "아들이 피부과 의사여서 그런지 얼굴에 검버섯이나 잡티 하나 없이 깨끗하다"고 하며 부러워한다는 자랑 아닌 자랑을 하셨습니다. 그렇게 나는 아버지 얼굴에 작은 잡티나 검버섯이 보이면 병원으로 모셔와 레이저로 없애드리고는 했습니다. 그러나 계속되는 기침과 가쁜 숨은 내 눈앞에서 바로 사라지게 할 수 없었습니다.


어느 날 병실에 아버지와 둘만 있었을 때였습니다. 아버지는 나의 큰 아이 이름을 대면서 문득 "걔는

내년에 몇 살이 되니?"라고 물으셨습니다. 오래
전 그날, 할아버지로부터 받았던 질문이 운명처럼
되풀이되었습니다. 그러고는 오래 지나지 않아 병세가
악화되어 중환자실로 옮겨지셨고 얼마 후 죽음을
맞이하셨습니다.

돌이켜 보면 아버지가 진정 궁금하셨던 것이 내 큰
아이의 나이뿐이었을까 하는 생각을 해봅니다. 어쩌면
아버지는 이런 불편한 장치들을 왜 해야 하고, 꼭 해야만
하는지, 자신의 상태는 어떻고, 앞으로 어떻게 될지 이런
것들이 궁금하지는 않았을까요. 당시 아버지와 나는
필연적으로 다가올 죽음에 대해 공감하고 있었지만
죽음이라는 단어를 대화에 끌어들일 용기는 없었습니다.

죽음이란 영원한 이별을 의미하기에 당사자뿐만
아니라 주변 모든 사람에게는 인생에서 가장 슬픈
순간임이 분명합니다. 죽음 앞에서 슬프지 않거나
두려움을 느끼지 않을 사람은 없습니다. 그러나 죽음에
대한 막연한 두려움과 억압, 불안에서 벗어나기 위해서는

죽음에 대해 침묵하기보다 죽음의 불가피성을 인정하고 대화를 나누며 준비하는 과정이 필요합니다. 쫓기듯 혹은 떠밀리듯 맞이하는 죽음보다 건강한 수용과 준비를 통해 평온하고 품위 있는 죽음을 맞이할 수 있습니다.

'당신은 이렇게 죽을 것이다'라는 말은 어쩌면 아버지에게 하고 싶었지만 차마 하지 못했던 말, 그리고 미래의 나를 향한 선언이기도 합니다. 나에게 아버지의 마지막 순간으로 돌아갈 수 있는 기회가 주어진다면 침대 곁에서 이 책을 펼쳐놓고 우리 모두 언젠가 한 번은 떠나야 할 죽음이라는 여행에 대해 이야기를 나누고 싶습니다.

이 세상에 죽음만큼 확실한 것은 없다.

— 레프 니콜라예비치 톨스토이(소설가, 사상가) —

누구나 어릴 때 한 번쯤 깊이 잠든 부모님을 보며 괜한 불길한 생각에 부모님의 가슴에 귀를 기울이고 숨을 쉬는지, 심장은 뛰고 있는지 들어본 적이 있을 것입니다. 인간을 포함한 모든 동물은 태어나면서부터 배우지 않아도 알게 되는 것들이 있습니다. 죽음이라는 것은 소중한 것을 모두 빼앗아가는 일이고, 숨을 쉬지 않고 심장이 멎으면 죽은 것이라는 사실은 배우지 않아도 본능적으로 아는 것들 중 하나가 아닐까 싶습니다.

죽음에 대한 논의를 시작하려면 '죽음이란 무엇인가'에 대한 정의가 먼저 내려져야 할 것입니다. 무엇을 죽음이라고 말하고, 누가 어떤 기준으로 죽음을 판정하고 결정할 수 있는 것인지 말입니다. 너무나 당연하고 상식적인 질문인 것 같지만, 그 답은 결코 간단하지 않습니다.

영혼 같은 정신 영역의 개념은 별개로 하고 오로지 육체적인 부분에만 국한하여 죽음이 무엇이냐는 질문을 받게 되면 사람들 대부분은 심장이 멈추거나 숨을 쉬지 않는 상태라고 답을 할 것입니다. 이러한 육체적 죽음의 정의는 너무나도 당연한 상식이고 이론의 여지가 없어 보입니다.

그러나 현대 의학의 눈부신 발전에 따라 심폐 소생술, 심장 제세동기, 인공호흡기 등이 개발되면서 멈추어버린 심장을 다시 뛰게 하거나 자발적으로 숨을 쉬지 못하는 상태에서도 기계에 의해 호흡을 할 수 있게 되면서 이제 죽음의 정의는 당연한 것만은 아닐 수도 있게 되었습니다.

원시 시대부터 현대에 이르기까지 인간이 살아왔던 모든 곳에서는 다양한 장례 문화가 존재했습니다. 출생만큼이나 죽음을 중시했던 인간 사회에서 장례를 시작하기 위해서는 죽음의 선언, 즉 죽음의 정의가 먼저 내려져야만 했습니다.

19세기 이전까지는 죽음에 대한 판단을 과학적 근거나 객관적 증거 없이 육안으로만 하다 보니 실제로는 사망하지 않은 기절 상태나 혼수상태의 사람도 의식이 없다는 이유만으로 사망한 것으로 판단하여 매장당하는 경우가 종종 있었습니다. 어설픈 사망 판정으로 인해 산 채로 땅에 묻힐 수 있다는 두려움은 여러 해프닝을 낳기도 했습니다.

　과거 로마 시대에는 이름을 세 번 호명해도 반응이 없으면 손가락을 자르고, 손가락을 잘라도 피가 나지 않으면 사망한 것으로 판정했다는 기록이 있습니다. 14세기 영국의 랭커스터 공작은 자신이 죽은 후에도 40일 동안 침대에 그대로 두고 이후에도 깨어나지 않으면 그때 매장하라고 지시했다고 합니다. 1800년대에는 관 속에서 깨어날 경우를 대비해 불을 밝힐 랜턴과 외부에 소리를 낼 수 있는 종을 관에 넣어 특허를 받은 사람도 있었습니다. 동양에서도 묘지를 다른 곳으로 옮기는 이장 시에 관 속에 손톱으로 긁은 자국이 있었다는 기록이 남아 있기도 합니다. 한국의 장례 문화에서도 시신을 병풍 뒤에 모셔 닷새 동안 장례를 치른 후 매장하는 관례가 있는데 혹자는 이러한 것도 죽은 것으로 생각했던 망자가 살아 돌아올 경우를 대비한 것이라는 견해를 밝히기도 합니다.

19세기 초, 프랑스의 내과 의사 르네 라에네크가 청진기를 발명함으로써 당시까지 죽음의 정의를 둘러싸고 발생했던 여러 혼선을 획기적으로 줄일 수 있는 계기가 마련되었습니다. 청진기의 사용으로 심장이나 폐 등 인체 내부의 소리를 보다 명확하게 들을 수 있게 되면서 사망 판정에 대한 확신이나 신뢰를 크게 높일 수 있었기 때문입니다.

현대에 이르러 죽음에 대한 판단은 유일하게 의사만이 내릴 수 있게 되었습니다. 의사가 판단하고 결정한 죽음만이 법적으로 유효하게 된 것입니다. 우리나라에서는 의사가 발급한 사망 진단서나 시체 검안서를 구비해야 장례 절차를 진행할 수 있도록 제도화되어 있습니다.

이처럼 오늘날 죽음에 대한 정의는 이론의 여지가 없도록 오로지 의학적 판단에 따라서만 내려지게 되었습니다. 현대 의학은 죽음을 "심장, 폐, 뇌의 기능이 불가역적으로 영구히 소실된 상태"라고 정의합니다.

인체의 모든 장기는 고유의 기능과 역할을 담당하고 있지만, 이 중에서 생명 유지에 가장 중요한 심장, 폐, 뇌를 3대 생명 장기라 합니다. 이 세 장기는 서로 유기적으로 연결되어 있어 어느 한 장기의 기능이 중단되면 다른 장기의 기능도 결국 중단되어 죽음에 이르게 됩니다.

의학적으로 죽음의 정의가 확고히 정립되면서 죽음의 세 가지 징후인 심장이 뛰지 않고, 숨을 쉬지 않고, 동공 반사♦가 없는 조건이 충족되면 3대 생명 장기인 심장, 폐, 뇌의 기능이 모두 멈춘 것으로 판정해 임상적으로 사망 선고를 할 수 있게 되었습니다.

그러나 1950년대에 들어 인공호흡기가 개발되면서 이제까지의 확고 불변했던 죽음의 정의가 조금씩 흔들리기 시작했습니다. 자발적으로 호흡을 할 수 없는 환자도 인공호흡기를 통해 공기가 폐에 드나들도록

♦
빛에 따른 동공의 반응.
동공 반사가 없다는
것은 곧 뇌의 기능이
정지된 것을 의미한다.

조절할 수 있게 되었고 심장 제세동기 개발과 심폐 소생술 확립으로 정지됐던 심장 기능의 회복이 가능해졌습니다.

　최근에는 인공호흡기나 심폐 소생술로도 효과를 볼 수 없을 만큼 심장이나 폐의 기능이 마비되거나 정지되어 결국 사망에 이르게 될 환자도 인공 심폐기를 응용해 개발된 에크모♦로 생존 가능성을 높일 수 있게 발전했습니다.

　심장이 멈추고 혈액 공급이 중단된 채 4~5분이 지나면 신체에서 가장 많은 영양분과 산소 공급이 필요한 뇌는 영구적으로 기능이 멈추어 뇌사 상태에 빠지게 됩니다. 비록 뇌의 기능은 멈추었어도 각종 생명 연장 장치로 심장과 폐의 기능을 대신해 혈액 순환과 호흡을 유지하는 경우 이제까지의 죽음에 대한 정의와 충돌이 일어나게 됩니다. 3대 생명 장기 중 심장과 폐의 역할이 가능한 상태이므로 생물학적으로 사망이라고 판단할 수 없지만 임상적으로 사망한 상태인 뇌사이기 때문입니다.

♦
체외 산화장치에서
산소를 혈액에 주입하고
혈액 내 이산화탄소를
제거하도록 고안된 장치.

뇌사는 생명 연장 장치를 제거하면 즉각적으로
사망에 이르게 되므로 생물학적 사망과 차이점에
크게 의미가 없다는 의견으로 의료계에서는 뇌사를
죽음으로 정의하고 있는 추세입니다. 우리나라도 '장기
등 이식에 관한 법률'이 제정된 후 뇌사도 죽음의 하나로
인정한다는 입장이지만, 그렇다고 강제하는 입장도
아니어서 이견의 여지가 남아 있는 부분입니다.

만일 의사의 판단에 의해 이루어지는 죽음의
정의가 불확실하다면 여러 오해나 억측을 불러올 수도
있습니다. 우리나라의 한 유명인이 자택에서 호흡
곤란과 심장 마비 증상이 발생하여 응급으로 에크모
치료까지 받았으나 결국 의식 불명 상태로 수년 동안
투병 후 사망하는 사례가 있었습니다. 이 경우는 뇌사에
해당하지는 않는다고 볼 수 있습니다. 뇌사는 생명
유지에 가장 중요한 호흡 중추를 포함한 뇌의 전체
기능이 불가역적으로 상실된 상태를 의미하며 자발적
호흡이 불가능해 인공호흡기를 통해 일시적인 산소

공급을 할 수 있습니다. 그럼에도 불구하고 간, 콩팥, 췌장 같은 여타 장기의 기능이 멈추면 뇌사 후 인공호흡기를 통한 생명 유지는 평균 14일 이상 지속되는 것이 어렵기 때문입니다. 이 기업인의 경우에는 뇌 조직의 광범위한 기능 정지가 발생했으나 생명 중추를 담당하는 뇌의 기능은 유지되고 있었기 때문에 자발적 호흡과 심장 기능은 가능한, 이른바 식물인간 상태였다고 이해하는 것이 타당할 것입니다. 이러한 사례를 볼 때 생명과 죽음을 오가는 매 순간 의사의 정확한 판단과 정의가 항상 존재했음을 미루어 짐작할 수 있습니다.

질병으로부터, 종국에는 죽음으로부터 인간을 구제하기 위해 끊임없이 발전을 거듭하고 있는 현대 의학의 새로운 기술들이 절대적이라고 믿어왔던 죽음의 정의마저 바꾸고 있습니다. 따라서 죽음의 정의는 지금 이 순간에도 현재 진행형이고, 미래에 어떤 식으로 바뀌게 될지 예측할 수 없기도 합니다. 하지만 이것만은 분명합니다. 탄생과 죽음의 선순환을 위해 죽음에 대한 공정하고 명확한 정의는 어느 시대이든 반드시 필요했고, 앞으로도 필요할 것이라는 점입니다.

나는 내가 죽는다는 사실에 대해서는
알지만 내가 결코 피할 수 없는
그 죽음이란 것에 대해서
어느 무엇 하나 아는 것이 없다.

— 블레즈 파스칼(수학자, 물리학자, 사상가) —

사람마다 살아온 인생 여정은 모두 다릅니다. 부자로
산 사람도 있을 것이고 가난하게 산 사람도 있을
것입니다. 행복하게 살았던 사람, 불행하게 살았던 사람
등 누구 하나 똑같은 인생을 살아온 사람은 없습니다.
그러나 어떠한 인생을 살아왔든 죽음에 이르기까지
짧게는 수주, 길게는 수개월 동안 진행되는 인생의
마지막 과정은 거의 유사합니다.

죽음을 기다리는 그 시기에는 더 이상 본인의 의지대로
먹고 마시고 웃고 떠들고 대화하며 마음껏 몸을 움직일
수 없이 육체의 감옥에 갇혀 지내야만 하는 시간이
됩니다. 그러다 종국에는 누구에게나 주어지는 절대
평등의 순간인 죽음에 이르게 됩니다.


한국 남성의 평균 수명은 80세, 여성은 86세이고 성인
사망 원인 중 단연 1위는 암입니다. 따라서 한국에서
가장 보편적이고 평균적인 죽음의 모습은 80세 이후에
암으로 인해 사망하는 것입니다. 물론 암 외에 심장
질환, 뇌혈관 질환, 폐렴 등도 대표적인 사망 원인으로

꼽을 수 있습니다. 다만 사망 원인이 무엇이든 질병을 인지하고 죽음에 이르기까지 인생의 마지막 과정은 거의 유사합니다.

죽음에 이르는 마지막 과정에는 심부전, 호흡 부전, 뇌압 상승 같은 현상이 발생하고 결국 생명 유지에 가장 중요한 3대 장기의 기능이 영구적이고 불가역적으로 정지되면서 죽음을 맞이하게 되는 것입니다.

가장 흔한 사망 원인인 암으로 죽음에 이르는 과정을 통해 다른 원인으로 인한 죽음의 과정도 유추해 볼 수 있습니다.

암이라는 단어는 흔히 들어왔기 때문에 누구나 쉽게 알고 있는 것 같지만 실제 정확히 알기는 쉽지 않습니다. 무엇보다 일반인들 사이에서는 암 외에 '종양', '혹' 같은 유사 용어가 뒤섞여 사용되다 보니 혼선을 주는 경우가 많기 때문입니다.

종양은 일정 조직이 과잉 성장해 덩어리를 형성한 상태를 의미하며 양성 종양과 악성 종양으로 나뉩니다.

양성 종양은 일정 범위 내에서 비교적 서서히 성장합니다. 주변 조직으로 퍼져나가거나 다른 신체 부위로 전이되지 않으며 제거하면 완전 치유가 가능해 생명에 위협을 초래하지 않습니다. 반면 악성 종양은 빠른 속도로 증식하고 성장해 주변 조직과 장기로의 확산 속도가 빨라 혈관이나 림프관을 통해 여러 장기로 전이되어 종국에는 생명을 위협합니다.

혹은 의학적 용어는 아니고 일반인의 이해를 돕기 위한 용어로 체내의 단순한 비정상적인 덩어리 정도를 의미합니다. 대부분 생명에는 지장이 없는 양성 종양을 의미합니다.

간혹 '신생물'이라는 용어가 쓰이기도 하는데 신생물은 새롭게 비정상적으로 자라난 덩어리라는, 종양의 영어적 의미라고 할 수 있습니다.

일반적으로 암이라고 하면 악성 종양, 악성 신생물을 의미합니다. 주지할 점은 양성 종양은 사망과 관련이 없고 악성 종양으로 판정을 받았어도 다양한 치료 방법으로 완치되거나 진행을 늦출 수 있습니다. 다만 수술, 항암 화학 요법, 방사선 치료, 면역 요법 등 여러 치료에도 불구하고 효과를 보지 못하고 여러 장기로 전이되거나, 암을 발견했을 때 이미 상당 부분 전이가 진행되어 치료 효과를 기대할 수 없는 말기 암의 경우 결국 죽음에 이르게 됩니다.

의사로부터 처음 암 선고를 받게 되면 당사자는 물론이고 주변 가족과 친지들도 커다란 정신적 충격을 받게 됩니다. 그 충격은 암이라는 질병이 결국 죽음으로 이어질 수 있다는 공포로부터 기인한 것이고 죽음은 이 세상 그리고 사랑하는 모든 사람과 영원히 이별해야 함을 의미하기 때문입니다.

살아오면서 주변에서 무수히 보고 또 들었던 암에 대한 정보와 기억은 암 선고를 받은 당사자로 하여금 죽음을 떠올리게 합니다. 특히 말기 암 환자는 엘리자베스 퀴블러-로스가 말한 죽음에 임하는 상실과 슬픔에 대한 다섯 단계인 부정, 분노, 타협, 우울, 수용의 단계를 차례로 밟을 수도 있을 것입니다. 그러나 죽음을 받아들이는 태도에는 분명 개인 간에 차이가 있고 단순히 활자로 설명하거나 규정할 수 있는 영역이 아닌, 너무도 복잡한 감정의 폭풍에 내몰리게 됩니다. 따라서 위의 다섯 단계의 순서가 뒤바뀌거나 혹은 생략되기도 하고 새로운 감정 형태가 추가될 수도 있습니다.

암 진단을 받은 사람들이 초기에 겪는 격한 감정의 파도가 어느 정도 잠잠해지고 정신을 조금 차리고 나서 갖게 되는 가장 흔한 궁금증은 왜 내가 암에 걸렸는지 그리고 암 덩어리가 도대체 어떻게 나를 죽일 수 있다는 것인지 같은 의문일 것입니다. 그러나 이러한 의문을 누구에게 물어보거나 결국 답을 찾지 못한 채 죽음을 맞이하는 경우가 대부분입니다.

그렇다면 어떻게 암에 걸리고 병이 진행되는지 간략하게 살펴보겠습니다. 인간의 몸을 구성하는 가장 작은 단위는 세포입니다. 이 세포들이 모여 조직, 기관, 장기를 이루게 됩니다. 인간의 몸에는 약 60조 개의 세포가 있고 이 세포 모두는 완전히 똑같은 유전자를 지니고 있습니다. 세포는 이 유전자에 입력된 정보에 따라 성장하고 분화하고 사멸하는 과정에서 엄격하게 조절되고 항상 일정한 수로 균형을 유지하게 됩니다. 하지만 살아가면서 어느 순간 정상 세포 중 하나가 유전자 이상이 생겨 돌연변이 세포로 변하게 되면 정상 세포와 달리 세포 주기의 통제와 조절이 되지 않습니다. 또한 짧은 시간 내에 무한 세포 분열을 하면서 돌연변이 세포가 기하급수적으로 늘어나 덩어리를 형성하게 되면 이것을 암이라고 하게 됩니다. 암은 신체 어느 조직에서나 발생할 수 있지만 머리카락이나 손발톱처럼 성장이 끝난 죽은 세포 조직에서는 발생하지 않습니다.

암의 발생 원인인 돌연변이 세포가 어느 시기에 왜 발생하는지 그 원인은 아직 정확히 밝혀지지 않았습니다. 다만 현재까지의 연구를 통해 짐작하는 발생 기전은 선천적 요인, 즉 유전적 요인과 살면서 노출되는 여러 환경에 따른 후천적 요인이 복합적으로 작용하여 발생하는 것으로 추측하고 있습니다.

한국인의 10대 사망 원인 암은 폐암, 간암, 대장암, 위암, 췌장암, 담낭 및 담도암, 유방암, 림프종, 전립선암, 백혈병(혈액암) 순입니다. 암세포는 무한 복제로 크기를 키우면서 건강한 장기가 필요로 하는 공간을 빼앗아 결국 장기가 더 이상 정상적으로 기능하지 못하도록 해 생명을 앗아갑니다. 폐, 간, 대장, 위, 췌장 등에 발생한 암은 점차 장기의 정상 조직을 밀어내고 그 자리를 차지함으로써 장기의 고유 기능을 막고 혈관이나 림프관을 통해 멀리 떨어진 다른 장기로 전이 되어 그 장기의 기능마저 파괴하게 됩니다. 정상적으로 건강을 유지하기 위해서는 모든 장기가 서로 톱니바퀴처럼 맞물려 유기적으로 기능을 유지해야 하지만 암으로 인해 신체의 기능적, 화학적 균형이 깨지면서 서서히 죽음과 가까워지게 되는 것입니다. 때로는 암 치료를 시행하는 과정에서 발생하는 합병증으로 사망에 이를 수도 있습니다.

초기 암 상태에서 완치되지 못하고 계속 진행되어 말기 암 상태가 되었거나 암을 발견했을 때 이미 말기로 판정받아 더 이상의 치료는 의미가 없고 회생 가능성이 희박하다고 판단될 때 의사는 시한부 선고를 합니다. 시한부는 의사의 경험과 의학적 데이터에 따른 기대 여명을 뜻하는 것으로 일반적으로는 1년 이내의 수개월을 의미합니다.

　의사가 시한부를 통보해야 할 시기가 되면 환자의 가족이나 친지 중에서는 혹시 환자가 삶의 희망을 상실해 절망하지는 않을지 염려한 나머지 사실대로 전하지 않는 것이 더 좋지 않겠냐는 의견을 피력하기도 합니다. 죽음에 대한 언급이 불경하게 보일 수 있다는 다분히 동양적인 사고에 비해 서양에서는 환자에게 반드시 사실을 말하고 스스로 죽음을 준비할 시간을 갖도록 하는 것을 원칙으로 합니다.

　일본의 암 전문의이자《시한부 3개월은 거짓말》을 쓴 곤도 마코토 박사는 의사가 선언하는 시한부라는 것은 의미가 없다고 말합니다. 그는 오히려 암에 대한 두려움에 떨게 만들거나 죽음에 대한 공포만 키워 심신을 더욱 소모시킬 뿐이라고 주장하기도 합니다. 그러나 환자의 결정권을 존중하고 평온한 준비 시간을 가질 수 있도록 하기 위해서는 환자와 가족은 모두 사실에 기초한 현재의 정확한 상황을 인지하고 있어야 한다는 것이 전문가 대부분의 의견입니다.

시한부 선고를 받은 말기 암 환자는 여러 신체 변화를 겪게 됩니다. 죽음을 앞둔 얼마간 동안 일어나는 신체적 징후와 증상은 암 환자 외에도 모든 형태의 죽음을 앞둔 사람들에게서 공통적으로 일어날 수 있는 현상이기도 합니다.

가장 일반적인 변화는 지속적으로 쇠약해지고 극도로 피로해져 잠을 자는 시간과 침대에 누워 보내는 시간이 늘어나는 것입니다. 종국에는 하루 중 대부분을 잠을 자거나 침대에 누워 보내게 됩니다. 아무리 휴식을 취하고 잠을 자도 죽음을 앞둔 환자의 피로감은 정상인과는 달리 풀리지 않을뿐더러 점진적으로 극도의 무력감에 빠지게 됩니다. 이러한 현상은 호흡 같은 생명 유지에 필수적인 기능에만 최소한의 에너지를 소비하고 이외의 에너지 소비는 극도로 차단해 생명을 유지하려는 방어 기전이기도 합니다.

　암 환자의 공통적인 신체 변화 중 하나가 원인 모를 체중 감소입니다. 특별한 이유 없이 체중이 줄면 암을 먼저 의심해봐야 할 정도로 대부분의 암 환자가 체중 감소를 경험합니다. 특히 말기에 가까울수록 체중 감소는 눈에 띄게 심해집니다. 암 환자의 체중 감소는 수술, 항암 화학 요법, 방사선 요법에 따른 식욕 부진과 식사량 감소 때문이기도 하지만 근본적으로는 암으로 인한 대사 상태의 변화 때문입니다.

　세포가 생존하고 성장하기 위해서는 에너지가 필요합니다. 암 세포는 정상 세포와는 다른 형태의 대사 작용을 통해 에너지를 만들어내는데 이러한 현상은 이를 처음 발견한 독일의 생화학자 이름을 따서 '바르부르크 효과'라고 합니다.

　정상적인 영양 상태에서 정상 세포는 미토콘드리아 내에서 산소를 사용하는 산화과정을 통해 에너지를 만들어 내지만 암세포는 마치 미토콘드리아가 존재하지 않는 열악한 환경의 원시 세포처럼 다소 비효율적인 방법인 포도당의 발효과정을 통해 에너지를 생산합니다.

정상 세포는 생산해 낸 에너지를 세포 고유의 기능을 유지하는 데 사용하지만 암 세포는 가능한 빠르게 증식하고 분열하여 정상 세포를 빠르게 암 세포로 대체하려는 데에만 에너지를 사용합니다. 때문에 정상 세포가 줄고 암 세포가 늘어갈수록 정상적인 신체 기능에 필요한 에너지는 점차 줄어들고 이는 체중 감소로 이어지게 됩니다.

이러한 암세포의 원시적 대사 방법은 정상 세포라면 대사가 힘들 정도로 영양분이나 산소가 부족한 상황에서도 대사 작용을 이어나갈 수 있게 합니다. 결국 암 환자가 섭취한 영양분은 모두 암세포 증식을 위한 대사에만 쓰이고 정상 세포는 대사를 할 수 없게 되면서 정상적인 신체 활동을 위한 에너지가 고갈되고 체중은 점차 줄어듭니다. 영양분 섭취와 산소 공급이 거의

중단된 최악의 상황이 되어 정상 세포가 사멸 과정에
빠지더라도 암세포는 최후의 순간까지 대사와 증식을
멈추지 않습니다.

　죽음이 가까워지면 점차 식욕이 사라집니다. 식욕이
사라진다는 것은 죽음을 받아들이고 순응하려는
신체 변화의 하나로 볼 수 있습니다. 음식을 소화하고
배설하는 기능이 정상적으로 작동하지 않거나 에너지가
거의 없는 상태가 되어 신체가 스스로 음식을 거부하는
현상에 반해 억지로 식사를 강요하는 것은 오히려 환자를
더욱 힘들게 만들 수 있습니다. 특히나 죽음을 앞둔
말기 환자에게 비위관♦을 통해 연동형 음식을 강제로
주입하고 기저귀로 배변을 받아내는 것이 환자에게
얼마나 의미가 있을지 고려해야 합니다.
　식욕이 사라지는 것과 마찬가지로 갈증도 사라져 물을
마시고 싶다는 욕구가 사라지게 됩니다. 입이 마름에
따른 불편을 줄여주기 위해 적신 거즈를 환자의 입술에
대어주는 정도는 가능하겠지만, 억지로 물을 강요하거나

♦
코를 통해 위(胃)에 도달해
내용물을 빼내거나 영양을
공급하는 도관.
흔히 '콧줄'이라고 불린다.

먹여주면 자칫 기도로 물이 들어갈 수 있습니다. 이는
폐렴의 원인이 될 수 있음은 물론이거니와 환자에게 심한
고통을 줄 수도 있습니다.

환자가 물을 마시는 것을 한사코 거부할 경우 혈관을
통해 수액을 주사하는 경우도 있지만 수분 배출이
정상적으로 이뤄지지 않고 종일 누워 있는 상태에서는
몸이 붓는 부종이나 심장에 부담이 되는 등 부작용을
초래할 수도 있습니다.

일반적으로 먹고 마시는 것이 완전히 중단되면
평균적으로 열흘 내에 사망하게 되고, 극히 예외적으로
몇 주 동안 생존하기도 합니다. 그러나 극도로 쇠약한
말기 암 환자는 먹고 마시는 것이 중단된 상태에서 평균
이상을 버티기란 불가능한 일입니다.


지속적으로 근육이 감소해 점점 더 거동하는
것이 불가능해지면 침대에서 몸을 일으키기조차
어려워집니다. 괄약근도 제 기능을 하지 못해 방광과
장을 조절하지 못하게 되면 대소변은 기저귀나 도뇨관♦

♦
요도를 통해 방광에
도달해 소변을 빼내는
도관. 흔히 '소변줄'이라고
불린다.

으로 처리하게 됩니다.

　몸을 움직일 수 없게 되면 욕창이 생기거나 가래를
뱉어낼 수 없어 폐렴에 취약해지기도 합니다.

　말하고 집중하는 능력이 점차 쇠퇴하면 주변 상황에
대한 관심이 사라지게 됩니다. 이 시기 환자는 방문객을
맞이하는 것이 힘들기만 할 수도 있어 환자 면회 시간을
줄이거나 제한하는 노력이 필요합니다.


　신체 감각은 점차 둔해지다가 결국 멈추게 됩니다.
제일 먼저 언어 능력이 사라지면서 실어증이 되어갑니다.
그다음으로는 시력을 잃게 되고 청각과 촉각은 가장
나중에 잃게 됩니다. 마지막까지 남게 되는 감각이
청각과 촉각이다 보니 비록 환자가 말을 못 하거나
앞을 보지 못한다 해도 가족들이 손을 잡아주거나 볼을
어루만지고 나누고 싶은 이야기를 곁에서 들려주는 것이
좋습니다.

　환자가 눈을 감고 누워 있으면 못 듣겠거니 하고 환자
주변에서 가족이나 친지들끼리 언성을 높이거나 듣기

불편한 이야기를 나눌 수도 있습니다. 비록 환자가 말을 하지 못하고 잘 보지는 못해도 마지막까지 청각은 살아 있어 주변에서 나누는 대화를 알아들을 수도 있으니 환자 곁에서는 항상 주의하며 함께 대화하는 것처럼 분위기를 이끌어가는 것이 좋습니다.

죽음이 좀 더 가까이 다가오면 호흡이 느려지거나 간혹 긴 시간 동안 호흡을 하지 않는 경우도 발생합니다. 또한 반복적으로 손발을 움직이는 등 의미 없는, 비자발적 움직임을 보이기도 합니다. 가족이나 친지를 포함한 가까운 사람을 알아보지 못한다거나 시간, 장소에 대해 혼란을 겪으며 현재 장소, 낮과 밤의 구별 등을 어려워하는 모습도 보입니다. 존재하지 않는 것을 보거나 듣는 것 같은 환각 현상이 나타나기도 하고 이미 사망한 사람의 환영을 보는 등 감각 혼란을 보이기도 합니다. 정신적인 혼란 상태인 섬망◆ 증상으로 인해 안절부절못하고 불안해하거나 소리를 지르고 꽂혀 있는 주사 바늘을 빼내려고 하는 등 공격적이고 충동적인 돌발

◆
일시적이고
갑작스럽게 나타나는
의식 장애.

행동을 보이거나 비논리적 사고와 더불어 환시, 환청, 초조함, 떨림 등의 증상이 나타날 수도 있습니다.

이제 죽음을 거의 목전에 둔 상황이 되면 호흡은 더욱 곤란해지고 숨 쉬는 것 자체가 힘들어집니다. 호흡 곤란으로 환자가 고통스러워하는 것처럼 보일 수 있습니다. 이는 뇌가 요구하는 호흡량에 비해 실제 폐를 통한 호흡량이 턱없이 부족하여 느끼는 신경 증상일 수도 있습니다. 이러한 경우 환자에게 산소마스크를 씌워 산소를 충분히 공급해줄 수도 있고 강한 진통제인 모르핀을 투여할 수도 있습니다. 모르핀은 일정 수준의 호흡량을 요구하는 뇌의 욕구를 억제하여 현재 수준의 호흡량으로도 부족함을 느끼지 못하도록 해 호흡 곤란으로 인한 불편함을 잠시나마 호전시킬 수 있습니다.

사실 죽음 직전의 대부분 환자에게서 호흡 곤란은 당연히 수반되는 것입니다. 이러한 호흡 곤란이 모든 환자에게서 통증으로 연결되는 것은 아니어서 마약성 진통제를 일률적으로 투여해 죽음 직전에 이르러 차분히 지나간 삶을 회상하고 있을지도 모를 환자의 머릿속을 헤집어놓을 필요는 없을지도 모릅니다.

이제 채 하루를 버티기 어려운, 죽음이 임박한 시점에 이르러서는 가래 끓는 소리가 납니다. 음식물이 내려가는 식도와 숨을 쉬는 기도가 만나는 지점인 목구멍 안쪽의 후두를 덮고 있는 곳에는 뚜껑처럼 생긴 후두덮개라는 구조물이 있습니다. 후두덮개는 숨을 쉴 때는 열려 있다가 침이나 음식물을 삼킬 때는 기도를 덮어주어 음식물이나 이물질이 기도로 흡인되는 것을 방지하는 역할을 합니다. 죽음 직전에 이르러서는 이 후두덮개의 기능에 엇박자가 나타나 침이 기도나 폐로 넘어가 숨을 쉴 때마다 가래가 끓는 것처럼 그렁그렁한 소리가 나게 되는 것입니다. 이러한 소리가 들리면 평균적으로 16시간 내에 사망하게 됩니다.

임종을 지켜보는 가족들은 가래 끓는 소리가 좋지 않은 이미지로 남을 수 있다는 괜한 염려를 가질 수 있습니다. 그리고 모든 현상을 가만히 지켜보는 것보다 즉각

해결해야 한다는 자세가 몸에 밴 의료진의 경우 간혹
침 분비를 줄이는 약제를 투입하여 진정시키려 하기도
합니다. 그러나 가래 끓는 소리를 내는 환자 본인은 이로
인해 특별한 고통을 느끼지 않기 때문에 죽음에 이르는
과정에 순응하고 더 이상의 약제 투입은 고려하지 않는
것이 더 바람직할 수도 있습니다.

지금까지 살펴본 모든 증상을 뒤로하고 죽음 직전이
되면 거의 멈추어 가던 뇌 활동이 30초에서 길게는 3분
정도에 걸쳐 그동안 아껴두었던 모든 에너지를 한순간에
쏟아붓습니다. 그러면 엄청난 흥분 상태가 야기되어
근육 경련으로 몸이 씰룩거리거나 심하면 침대에서
벗어나려한다거나 울음을 터뜨리게 되기도 합니다.
마지막 경련 같은 현상은 아주 미약하게 일어나면서
조용히 죽음을 맞이하기도 하지만, 조금 심하다 싶더라도
곁을 지키는 가족들은 몸을 편안히 잡아주는 정도로도
충분하기에 진정제 등의 약물 투여는 고려할 필요가
없습니다.

흔히들 눈을 뜨고 죽으면 생에 미련이 남았거나 풀지 못한 원한이 있어서라는 괜한 이야기를 하고는 합니다. 눈을 뜨고 감는 것은 교감 신경, 안면 신경, 동안신경의 상호 작용에 의한 것인데 죽음 직전에는 거의 수면 상태여서 눈을 감고 있는 것이 일반적이나 중추 신경계 이상이나 교란으로 이러한 상호 작용이 정상적이지 못할 경우 눈을 뜨고 있을 수 있습니다.

죽음 직후 근육 에너지가 사라져 모든 근육이 굳어지는 사후 경직이 일어나면 눈을 감기려 해도 잘 되지 않을 수도 있습니다. 반대로 죽음 직후에는 눈을 감고 있었어도 사후 경직이 일어나기 전에 눈 주위 근육이 이완되면서 눈꺼풀이 천천히 올라갈 수도 있습니다. 눈을 뜨고 있는 경우 눈동자가 위로 올라가 흰자위만 보이면 다소 불편하게 보일 수 있습니다. 이런 경우에는 주변 가족들이 눈꺼풀을 조심스럽게 아래로 내려 눈을 감겨주거나 눈꺼풀에 물을 묻혀 붙여주면 됩니다. 이것이 여의치 않다면 쌀이나 흙처럼 약간의 무게를 줄 수 있는 것을 작은 봉지에 담아 눈 위에 올려놓고 눈꺼풀이 닫힐 때까지 유지하면 됩니다.

　편안하게 눈을 감게 된 고인은 죽음이라는 영면의
시간을 맞이하게 된 것입니다.


　오랜 수행을 거친 고승의 경우 자신의 죽음, 즉 입적
날짜까지 예견한다고 합니다. 죽음을 직감하면 정갈하게
목욕을 하고 옷을 갈아입은 후 일체의 음식을 먹지 않고
가부좌한 채 입적에 든다는 것인데 죽음 전에 일어나는
신체의 변화를 이해하고 순응한다면 불가능한 것만은
아닐 수도 있습니다.

　앞에서도 언급했듯 우리 몸은 죽음에 가까이
다가갈수록 잠에 대한 욕구는 늘고 음식과 물에 대한
욕구는 줄어듭니다. 이러한 욕구의 변화는 죽음을
수용하는 몸의 자연스러운 반응일 수 있습니다.

　죽음에 이르는 과정 중에 겪게 되는 통증은 뇌신경을
통해 전파됩니다. 죽음 전에 식욕이 사라지면서 음식을
섭취하지 않게 되면 뇌는 서서히 통증을 포함한 모든
감각이나 사고 능력을 잃어가고 잠든 채 고통 없이

죽음에 이르려고 할 수 있습니다. 뇌는 정상 기능을
유지하기 위해 우리 몸에서 가장 많은 영양분을 필요로
하는 장기입니다. 강제로 수액을 주사하고 비위관을 통해
인공적으로 영양을 공급하면 잠자는 뇌를 다시 깨워
죽음에 이르는 과정을 불편하고 고통스럽게 만드는 것은
아닐지 생각해보아야 합니다.

　2016년, 무의미한 생명 연장 치료를 거부하고 환자
스스로 존엄사를 결정할 권리를 인정하는 '호스피스·완화
의료 및 연명 의료 결정에 관한 법(연명 의료 결정법)'이
제정되었습니다. 연명 의료 결정법에서는 환자
스스로 중단 할 수 있는 의료의 종류를 심폐 소생술,
인공호흡기 착용, 혈액 투석, 항암제 투여의 네 가지로
한정하였습니다. 그러나 미국에서는 여기에 영양 공급
중단도 포함시키고 있는데 그 의미를 우리도 생각해
보아야 합니다. 목마르고 배고픈 사람에게 물과 음식을
제공하는 것은 인도적인 처사이지만 죽음을 앞두고
식욕이 사라져 음식을 거부하는 환자에게 억지로 수액과

영양을 공급하는 것은 어쩌면 비인도적인 행위일 수도
있기 때문입니다.

    모든 동물은 죽음이 임박하면 공통적인 행동 양식을
보입니다. 활동량이 급격히 줄어들고 피곤해하며 주변에
무관심해지고 대소변을 가리지 못하는가 하면 물과
음식을 거부하기도 합니다. 만물의 영장이라는 인간 또한
크게 다르지 않습니다.

    죽음에 이르는 마지막 과정에서 '수면아사(睡眠餓死)'라는
표현을 조심스럽게 피력해보고자 합니다. 죽음 직전에
우리 몸이 원하고 시키는 대로 잠든 채 서서히 굶어가며
죽음을 맞이하는 것이 어쩌면 가장 자연스럽고 고통 없이
죽음을 수용하는, 인간적인 죽음일 수 있을 것 같다는
생각에서입니다.

이별의 시간이 왔다.
나는 죽고 너는 산다.
어느 것이 더 좋은가는 신만이 알 것이다.

— 소크라테스(철학자) —

우리나라 성인의 대부분은 죽음을 터부시하는 사회적, 문화적 요인과 죽음은 본인과 상관없다고 느끼는 개인적 요인 등으로 인해 죽음과 관련한 대화를 기피하는 경향을 보인다는 연구 결과가 있습니다. 하지만 인간에게 있어 죽음은 피할 수 없고, 삶에 대한 애착으로 표현되는 죽음의 공포 역시 지극히 자연적인 것입니다.

누구나 살아가면서 한 번쯤은 자신의 죽음에 대해 생각해보았을 것입니다. 젊고 건강한 시절에는 잠시 스쳐 지나가는 호기심이었다면 말기 환자에게는 난감한 현실로 다가오는 곤혹스러운 순간이기도 할 것입니다.

죽음은 누구에게나 두려운 것이고, 죽음을 두려워하는 것은 지극히 당연합니다. 감정적으로는 가족, 친지, 친구들과 영원히 헤어지게 된다는 이별에 대한 두려움이고 신체적으로는 죽음의 순간이 고통스럽지 않을까 하는 두려움일 것입니다.

죽음에 대한 감정적인 두려움을 이겨내기 위해서는 주변 사람들과의 많은 대화와 자기 성찰을 통해 이별을 준비하는 정리의 시간을 가짐으로써 조금씩 극복하려는 노력이 필요합니다. 고통스럽지 않을까 하는 신체적인 두려움은 막연한 상상에서 비롯될 수 있습니다. 이러한 염려는 죽음을 앞둔 마지막 투병 기간 내내 감정을 어둡게 짓누를 수 있습니다. 그러나 실제 죽음의 순간은 전혀 고통스럽지 않다는 전문가들의 의견을 참고한다면 막연히 고통스러울 것이라는 두려움에서 벗어날 수 있을 것입니다.

죽음이 다가오면 뇌의 기능이 서서히 사라지면서 의식을 잃어가게 됩니다. 통증이라는 감각을 느끼는 것은 뇌의 기능이 정상일 때 가능한 것이어서 죽음이 가까워져 점차 의식이 사라지는 상태에서 고통스럽다는 감각 자체는 극도로 무뎌지거나 존재하지 않게 됩니다. 또한 죽음에 이르면서 뇌에는 산소 결핍이 일어나게 됩니다. 그렇게 되면 이것이 신호가 되어 뇌에서는 일종의 방어 기전으로 통증 완화 효과가 있는 아편성 단백질인 엔도르핀◆을 포함한 각종 신경 전달 물질을 다량으로

◆
인체에서 자체적으로
만들어내며 통증 완화
효과를 지닌 아편성
단백질을 통틀어 이르는 말.

56

분비하여 고통을 억제하고 극도의 안도감을 줍니다. 일부 신경학자에 따르면 죽음의 순간에는 고통은커녕 이제껏 느껴보지 못한 최고의 행복감과 쾌감을 느낄 것이라고도 합니다.

죽음 직전에서 살아 돌아와 죽음을 체험했다는 이른바 임사 체험자의 대부분은 죽는 순간에 이제까지 살면서 경험하지 못한 너무나 밝고 따스하고 행복한 느낌을 받아서 죽음에 대한 공포나 두려움이 사라졌다고 말하기도 합니다.

미국의 심리학자 레이몬드 무디는 임사 체험자들을 인터뷰한 후 죽음에 이르는 순간에 나타나는 공통적 현상에 대해 기술하였습니다. 단계별로 살펴보면 먼저 유체 이탈 현상으로 영혼이 몸에서 빠져나와 누워 있는 자신의 육체를 바라보게 된다고 합니다. 그리고 이제까지 살면서 느껴보지 못한 엄청난 시력을 갖게 되어 주변의 모든 것이 뚜렷하게 보인다고 합니다. 또한 의사가 자신에게 하는 사망 선고가 들려 슬퍼하는 가족들에게 자신의 존재를 알리려 했지만 아무도 듣지 못해 고독감을 느꼈다고 기록하고 있습니다. 시간의 개념은 사라지며 떠 있는 듯 편안함을 느끼면서 음악과 같은 멜로디가 들리고 지나간 일들이 빠르게 펼쳐져 지나가는 것을 경험한다고 합니다. 이어서 이승과 저승을 연결하는 듯한 어두운 공간으로 들어가 더 이상 앞으로 나아갈 수 없는 강에 다다르거나 문에 가로막히면 누군가 나타나 아직은 때가 아니니 돌아가라는 말과 함께 다시 깨어났다고 합니다.

그러나 앞에서 언급한 현상들은 흔히 영화나 소설에서 상상하고 묘사하는 죽음이나 사후 세계의 표현 정도여서 임사 체험자들의 실제 체험이라기보다는 평소에 죽으면 이렇게 될 것이라고 상상했던 것들이 만들어낸 가공된 체험이라는 주장도 있습니다.

임사 체험을 지지하는 사람들은 초자연적 현상이라고 의미를 부여하지만 의학자들은 혼수상태에 빠진 후 체험한 일들을 다시 기억해낸다는 것은 불가능하며 이는 일종의 환각에 지나지 않는다고 주장합니다. 무언가를 보거나 듣는다든지 누군가를 만나는 등의 증언은 환각이라고 해석합니다. 죽음에 이를 정도로 극도의 신체 변화를 겪는 상황에서는 뇌에서 다양한 신경 전달 물질이 다량으로 분비되면서 뇌의 특정 회로가 비정상적으로 활성화된다는 것이 그 이유입니다.

임사 체험을 했다는 사람들의 주장을 들어보면 '하얀 빛'이나 '터널'을 보았다는 공통점을 보입니다. 이러한 경험은 비행기 조종사들이 받는 중력 훈련 중에 자주 나타나는 것이기도 합니다. 이 때문에 과학자들은 인위적으로 과호흡을 유도해 산소 부족 상태를 만들거나 뇌의 일정 부위를 전기 자극해 임사 체험에 대한 연구를 진행하기도 합니다.

저산소증이 일어나면 시각 피질에 있는 신경 세포가 비정상적으로 반응하여 뇌의 다른 영역에서는 이것을 원 형태나 고리, 나선형으로 해석할 수도 있습니다. 이 같은 뇌의 '착각'은 마치 사후 세계의 터널을 다녀온 것처럼 묘사될 수 있습니다. 또한 뇌의 우측 모이랑◆을 전기 자극하면 위로 떠올라 자신의 몸을 내려다보는 유체

◆
뇌에서 시각 정보와
청각 정보 처리를
담당하는 부위.

이탈과 유사한 상황이 만들어질 수도 있다고 합니다.

　여러 연구에서는 뇌의 여러 영역 사이의 상호작용에
의해 임사 체험과 유사한 현상이 발생할 수 있다고
보고하고 있습니다. 시간의 변화나 마치 날고 있는
느낌은 좌뇌와 관련이 있고 영혼을 본다거나 낯선
목소리, 음악을 듣는 느낌은 우뇌와 관련이 있습니다.
특히 감각 정보와 기억을 처리하는 측두엽의 비정상적
활동은 임사 체험 중의 괴이한 느낌이나 환영을 만들어낼
수도 있다고 합니다. 결론적으로 사후 세계의 경험은
뇌가 만들어낸 착각에 지나지 않는다는 것이 과학자들의
입장입니다. 영국의 천재 물리학자 스티븐 호킹 박사도
사후 세계는 죽음을 두려워하는 사람들이 만들어낸
동화일 뿐이라고 일축하기도 했습니다.

　죽음을 앞둔 환자의 경우 두려움을 느낀다는 것을
부끄럽게 생각하기도 합니다. 자신의 치부를 드러내는 것
같아 숨기려 하거나 주위 사람들과 죽음에 대한 대화를

기피하려는 경향을 보이기도 합니다. 그러나 죽음을
앞둔 많은 환자들은 누군가의 도움을 받아 죽음에 대한
두려움을 떨쳐내기를 원하기도 합니다. 죽음을 수용하고
준비하려는 마음 또한 강렬한 것입니다.

　죽음의 순간도 생의 필연적인 요소로 인정하고
이해하려는 노력과 주변 사람들과의 솔직한 대화를
통해 두려움을 극복하려는 노력이 필요합니다.
무엇보다 죽음의 순간이 고통스러울 것이라는 선입견을
떨쳐내고 죽음의 순간이 결코 고통스럽지 않다는 것을
받아들인다면 두려움에서 벗어나는 데 많은 도움이 될
것입니다.

　이 세상의 살아 있는 그 누구도 죽음의 순간이 어떤지
알고 있는 사람은 없습니다. 이것은 앞으로도 그러할
것입니다. 누구나 언젠가는 죽음의 순간을 맞이할 수밖에
없고 그때가 되면 자연히 알게 될 것을 미리 걱정하고
두려워할 필요는 없을지도 모릅니다. 더욱이 그 순간이
고통스럽기는커녕 평화롭고 황홀한 순간이라면 더더욱

그럴 것입니다.

주사를 맞기 전에 두려움에 떨며 울던 아이가 바늘로 찔리는 주사가 아니라 입에 사탕을 넣어주는 것이라면 울지 않아도 됐을 것입니다. 죽음의 순간은 이제껏 먹어보지 못한 가장 달콤한 사탕을 입에 무는 순간일 수도 있습니다. 어쩌면 우리 몸은 울면서 태어나서 웃으면서 죽을 수 있도록 만들어져 있을지 모릅니다.

석 자 흙 속으로 돌아가지 않고서는
백 년의 몸을 보전하기 어렵고,
이미 석 자 흙 속으로 돌아간 뒤에는
백 년의 무덤을 보전하기 어렵다.

― 《명심보감》 ―

흔히 "사람은 죽으면 모두 한 줌의 재로 돌아간다"고들 합니다. 이 말은 인생의 덧없음을 표현하는 말이기도 하지만 세상에 흔적을 남기지 않고 자연에 회귀하고자 하는 바람을 담은 말이기도 합니다. 그렇지만 죽어서 한 줌의 재가 된다는 것이 결코 쉬운 것만은 아니기도 합니다. 죽음을 앞둔 당사자의 의지와 가족 간의 충분한 논의 후에 적절한 장례 방법을 선택하지 못한다면 저절로 한 줌의 재가 되는 일은 일어나지 않을 수도 있기 때문입니다.

죽음 후의 신체, 즉 시체는 사망 직후에는 외형이 그대로 유지된 상태에서 내부적으로는 여러 신체 물리학적 변화가 일어납니다. 우선, 사망 후 산소 공급이 중단되면 모든 세포의 열 에너지 생산 능력이 상실되어 정상 체온을 만들어내지 못해 시체는 주변 온도와 서서히 비슷해지게 됩니다. 대개 사후 한 시간 동안은 정상 체온을 유지하다가 이후 점차 식어갑니다.

사망 후 혈액 순환이 정지되면 혈류를 따라 순환하던

적혈구의 움직임도 멈추게 됩니다. 이후 중력에 의해 혈액 내 적혈구가 시체 아래쪽 낮은 부위의 모세혈관에 몰리게 되고 그 부위의 피부는 암적색을 띠게 됩니다. 이러한 현상을 시체에 나타나는 반점이라 하여 '시반'이라 합니다. 일반적으로 사후 2~3시간 후부터 시작되어 14~15시간 후에 최고조에 달했다가 부패가 시작되면서 점차 사라지게 됩니다.

사망 직후에는 일시적으로 근육의 긴장도가 풀리면서 대소변이 흘러나오기도 하지만, 좀 더 시간이 지나면 근육이나 관절이 경직되어 뻣뻣해집니다. 이러한 사후 경직 현상은 대부분 턱에서 시작하여 몸통, 상지, 하지로 내려가면서 진행되고 서서히 굳어져 사후 20시간 정도 즈음에 최고조에 달해 30시간까지 강도가 지속됩니다. 이후 시간이 지나면서 관절을 지탱하던 근육이 분해되고 경직 현상도 풀리게 되는데 대체로 부패가 빨리 일어나는 여름에는 24~36시간, 봄이나 가을에는 48~60시간, 겨울에는 3~7일이 지나면 근육의 긴장도가 사라집니다.

수분이 공급되지 않는 상태에서 증발은 계속 일어나

시간이 지나면서 시체는 점차 건조되고 이 과정 중에 손톱 주변 피부나 두피가 건조해짐에 따라 위축되면서 상대적으로 손톱이나 머리카락이 길어져 보이게 됩니다. 이 때문에 사후에 손톱이나 머리카락이 자란 것 같은 착각을 느끼게 되기도 합니다.

사망 후 초기에 일어나는 신체 물리학적 변화 이후에는 미생물학적, 화학적 변화에 의해 시체는 분해되고 붕괴되기 시작합니다.

사망 후에는 죽은 세포 내의 소화 효소에 의해 스스로 조직이 분해되는 자기 소화 과정을 거칩니다. 또한 시체에 산소가 모두 소진되면 산소가 없는 상태에서 활동하는 혐기성 세균의 활동이 촉진되고 빠르게 증식하면서 조직을 잘게 분해하게 됩니다. 체내 세균 밀도가 가장 높은 대장에서 제일 처음 부패가 시작되고 곧이어 혈관 내 혈액으로 전파되어 세균 스스로 발생시킨 가스 압력에 의해 전신으로 이동하면서 시체를 부패시켜 나갑니다.

혐기성 세균의 시체 분해 과정에서 방출되는 가스에 의해 체내 압력이 상승하면서 배가 부풀어 오르고 안구가 튀어나오거나 손톱이나 발톱이 빠지는 경우도 발생합니다. 복강에 쌓인 가스에 의해 부패 액체가 밀려나 항문이나 콧구멍에서 체액이 흘러나올 수도 있고 피부 표면으로 방산되면서 황화수소 가스나 암모니아 가스 특유의 지독한 냄새가 나기도 합니다.

일반적으로 시체에 일어나야 할 부패나 분해가 특이한 조건 하에서 일어나지 않고 미라화, 시랍화라는 현상으로 나타날 수도 있습니다.

시체 내 수분이 급속하게 사라지면서 부패는 정지되고 시체가 건조된 상태로 일정 형상을 보존하고 있는 현상을 미라화라고 하고 그 시체를 미라라고 합니다. 미라화는 기온이 높고 건조하며 통풍이 잘 되는 환경일수록 잘 형성되고 건조 때문에 신체와 모든 장기의 크기는 극도로 작아지고 피부는 흑갈색을 띠며 단단해지고 많은 주름이 잡히게 됩니다.

시랍화란 시체 외형이 비누나 혹은 밀랍(왁스)처럼 변하는 현상으로 시체가 수분을 흡수하면 시체 내 중성지방이 지방 분해 효소나 세균 효소에 의해 가수 분해되어 고형질의 지방산 또는 그 화합물을 형성함으로서 나타나는 현상입니다. 시랍은 미라와는 반대로 주로 통풍이 되지 않고 서늘하며 습도가 높은 곳에서 형성되며 수분이 풍부한 수중이나 습한 진흙 속에서 잘 나타납니다. 시랍의 경우 지방산의 방부 기능으로 부패 과정이 정지되고 피하지방에 형성된 시랍으로 인해 대개의 피부는 탈락되고 단단한 회백색을 띕니다.

사망 후 시신의 변화는 동서양의 장례 문화에 많은 영향을 끼쳤습니다.

시체에 변화가 일어나면 혐기성 세균에 의한 부패와 가스가 발생합니다. 그렇게 부풀어 오른 복부는 심할 경우 폭발하듯 터지기도 하고 복부에서부터 얼굴 쪽으로 팽창 부위가 밀려 올라가면서 안구가 튀어나오거나 얼굴의 형체가 생전의 모습과 달리 흉측하게 변하기도 합니다. 또한 시체의 모든 구멍에서는 부패한 액체가 흘러나오는 등 지켜보기 힘든 모습들이 연출될 수도 있습니다. 따라서 장례 문화는 사후에 시시각각 변해가는 혐오스러운 모습을 사전에 방지하여 망자의 생전 편안하고 깨끗한 모습을 유지할 수 있도록 하는 방향으로 발전되어 왔습니다.

오래전부터 동양에서는 왕족이나 부자가 죽으면 칼로 배를 갈라 내장을 꺼내고 약재와 소금을 채운 후 오색 실로 봉한 뒤 뾰족한 갈대로 피부에 고인 피를 뽑았다고 합니다. 내장을 꺼내는 것은 내장 내 혐기성 세균 증식을 신속히 차단하여 가스 생성을 피하려는 의도이고 피부에 고인 피를 제거하는 것은 시신에 나타나는 시반을 없애려는 의도로 보입니다.

주로 매장을 해왔던 서양에서는 오래전부터 시체로부터 전염병이 발생하는 것을 예방하기 위해 엠바밍(embalming)이라는 시체 방부 처리 기술이 사용되었습니다. 이는 복부에 작은 구멍을 내고 관을 꽂아 체액이나 장내 잔존물을 모두 뽑아내고 복부의 구멍을 봉합하는 것으로 그 의도는 동양의 그것과 유사하다고 할 수 있습니다. 현대에 들어 엠바밍은 시신 약품 처리 보존 기법으로 발전하고 있습니다.

한국의 전통 장례 문화에서는 '수시' 과정에서 솜으로 시신의 입과 코 그리고 귀를 막습니다. 이는 앞서 기술한 대로 부패한 분비물이 복압으로 인해 입, 코, 귀로 흘러나오는 것을 감추려는 것으로 볼 수 있습니다. 임종 이튿날 진행하는 '염습' 과정에서는 몸을 씻기고 수의를 입히는데 사후 5~7시간 이내에 인위적으로 사후 경직을 풀어주면 다시 경직이 일어나는데 반해 7~8시간이 지난 후에는 재경직이 일어나지 않으므로 임종 다음 날 경직을 풀고 수의를 입히는 과정은 매우 과학적인 절차이기도 합니다.

오늘날의 장례 방식은 매장이나 화장 중 어느 하나를 선택하는 것으로 양분되었으나 20세기까지는 동양의 경우 유교의 영향으로, 서양의 경우 종교적 이유로 매장이 절대 다수를 차지했습니다.

매장의 경우 사망 이후 수 주 안에 여러 시체 현상이 일어나고 3~4개월이 지나면 혈액 내 철분이 산화되면서 얼굴색은 갈색으로 변하고 조직은 모두 분해되어 묽은 진흙 같이 흘러내리게 됩니다.

사후 1년 정도 지나면 이미 산성화된 체액과 독소로 시신에 입혀진 수의나 기타 의복 대부분은 사라지고 나일론 이음새만 남게 됩니다.

시간이 더 흘러 50년 정도가 지나면 조직은 액화되어 완전히 사라지고 미라화된 피부와 힘줄만 남게 되지만 특수한 환경이 아니라면 이마저도 결국은 분해되어 사라집니다.

80년 정도가 지나면 뼛속의 부드러운 콜라겐 성분이 약화되어 뼈가 갈라지고 미네랄 성분의 뼈대만 남을 것입니다. 이후 일종의 뼈 껍질 같은 것마저도 결국은 서서히 사라지게 됩니다.

100년 정도가 지나면 남은 뼈 성분도 모두 부서져 먼지로 변할 것이고 신체에서 가장 오래 버틸 수 있는 치아만 남을 것입니다. 100년 이후 특별한 환경에서 미라화, 시랍화가 일어나지 않았다면 이미 사라져버린 관 주변으로 몇 개의 치아와 분해되지 않은 몇 가락의 나일론 실만 남아 있을 것입니다.

동서양 모두 전통적으로는 매장이 주를 이루었으나 동양에서는 불교의 영향으로 화장이 좀 더 일찍 일반화되었습니다. 21세기에 접어들면서 비용 절감과 편의성 때문에 그리고 무엇보다 환경 보존이 중요해지면서 전 세계적으로 매장보다는 화장이 장묘 방식으로 선호되고 있습니다. 현재 한국의 화장률은 90퍼센트에 육박해 미국의 55퍼센트를 훨씬 상회하고 있습니다.

전통적인 불교식 화장 의식은 나무와 숯 등으로 화장장을 만들고 그 위에 관을 올려놓지만, 현대에 와서는 시간을 줄이기 위해 화장장 시설 내에서 버너 연소로 화장하는 방식을 취하고 있습니다. 한국과 중국, 일본의 경우 내화성을 띤 운송 장비 위에 관을 올리고

700~750℃ 정도에서부터 연소를 시작하여 피부가 거의 다 탄 이후부터는 900~1000℃ 정도까지 온도를 올려 화장을 진행한 후 남은 뼈를 모으는 방식을 주로 택하고 있습니다.

매장의 경우 국토 잠식, 자연 훼손, 토양 오염 등의 폐해가 발생했습니다. 매장보다는 화장이 친환경적이라고는 하지만 현재 화장장에서 이루어지는 화장의 경우 자동차로 7700킬로미터를 운전하는 것과 같은 에너지를 소비하며 일산화탄소, 다이옥신, 수은 등의 공해 물질을 대기로 방출할 수도 있습니다. 이처럼 매장과 화장으로 인한 환경 문제는 죽음 이후 남겨진 이들에게 폐를 끼치지 않고 자연으로 회귀하려는 소망과 배치되는 것이기도 합니다.

최근 들어 기존 장묘 방식이 불러온 환경 문제를 피하면서 보다 자연 친화적인 여러 장묘 방안이 고안되고 있습니다. 시신을 물과 알칼리성 용액을 섞은 고온 압력 용기 내에서 서서히 용해시켜 분골만 남기는

'수분해장(水分解葬)', 풀과 미생물을 활용하여 냄새나
유독성 물질을 발생시키지 않고 시신을 퇴비화하여
자연으로 되돌리는 '자연 유기 환원장(自然有機還元葬)'
등은 이미 미국의 몇몇 주에서 합법화되어 시행 중입니다.

한때는 부와 권위를 상징한다고 여겨져 매장을
선호하던 시절이 있었습니다. 이러한 문화는 이른바
명당에 대한 수요를 부추겼습니다. 조상의 묘를 잘못
쓰면 후손이 망한다는 이야기가 공공연하게 돌았을
정도로 풍수지리설에 입각해 이른바 명당에 망자를
모시려고 노력하기도 했습니다.

묏자리를 잘못 쓰면 망자는 죽어서도 병을 앓는다고
하였고 이를 시신에 나쁜 영향을 주는 염(廉)으로 부르며
피해야 할 것으로 규정하고 있습니다. 관 속에 물이
들이차는 수염(水廉), 관 속에 나무 뿌리가 들어가는
목염(木廉), 유골이 불에 탄 것처럼 되는 화염(火廉), 관
속에 뱀이나 쥐 등이 서식하게 되는 충염(蟲廉), 시신이
얼어버리는 빙염(氷廉)이 그것으로 산, 물, 바람, 토질,

암석 등 다양한 요소를 고려하여 명당을 가려내야 한다는 것입니다.

이처럼 유교적 관점에서는 부모의 죽음 후 상례(喪禮)를 갖추고 온전한 묘에 모셔 때마다 제사를 지내고 묘를 관리하는 것을 효의 기본 덕목으로 여겼습니다. 하지만 현실적으로 묘지를 지속적으로 관리하는 것이 결코 쉽지 않습니다. 시간이 지나면서 무너진 봉분을 새로 쌓아야 하고, 노출되거나 말라 죽은 뗏장을 새로 입히고, 설치류를 막기 위한 퇴치제와 토양 살충제를 주기적으로 뿌려야 합니다. 최근에는 멧돼지를 포함한 동물이 묘를 파헤치는 것을 막는 것도 필요해졌습니다. 만약 후손이나 묘를 돌보는 사람이 없다면 이러한 무연고 묘지는 결국 세월을 이기지 못하고 버려지는 수순을 밟을 수밖에 없게 됩니다.

전국의 임야에는 방치되고 있는 무연고 묘지가 무수히 많습니다. 이 외에도 공원묘지에서조차 1인 가구의 증가, 가족 관계 단절 등으로 연고자와 연락이 닿지 않거나 10년 이상 관리비가 연체되어 무연분묘◆로 분류되는

◆
연고자가 없어
장기간 관리가
되지 않는 묘지.

분묘가 20퍼센트를 넘고 있습니다. 묘지보다 상대적으로 관리가 수월할 것으로 예상하는 화장 후 봉안 시설 안치의 경우에도 10년 단위의 봉안 기간 만료 후 1년 이내에 연장 신청을 하지 않은 무연고 유골이 늘어가고 있는 것이 현실입니다.

누구나 죽은 후에 연고가 없는 묘지나 분묘, 유골로 남겨지기를 원하지 않을 것입니다. 진정으로 후대를 위해 흔적을 남기지 않고 한 줌의 재로, 한 줌의 흙으로 돌아가기 위해서는 그 무엇보다 당사자의 결단이 필요합니다. 자신의 장묘 방식을 깊이 고민하고 현명하게 판단해야 하는 것입니다. 그러면 죽음 후 일주일, 일 년 그리고 100년 후 어떻게 될 것인가 하는 걱정과 염려는 괜한 기우가 될 것입니다.

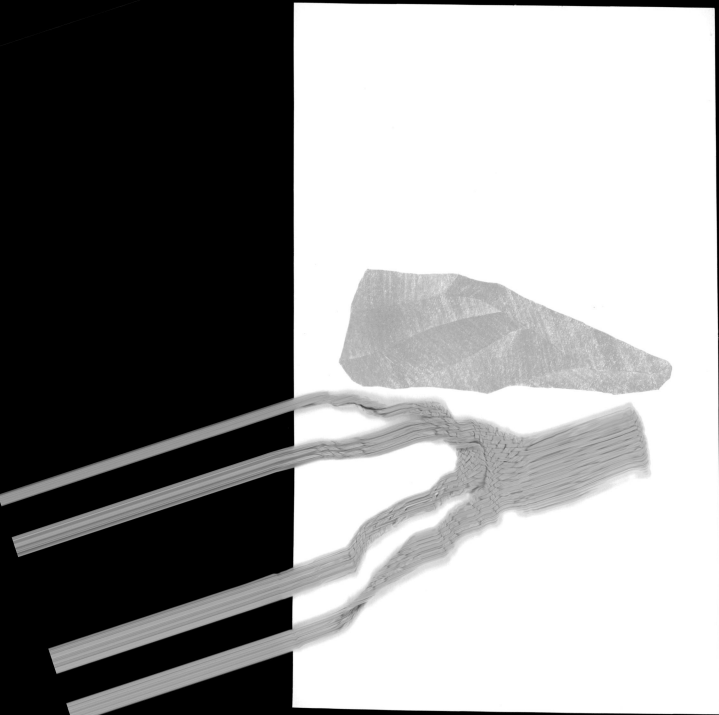

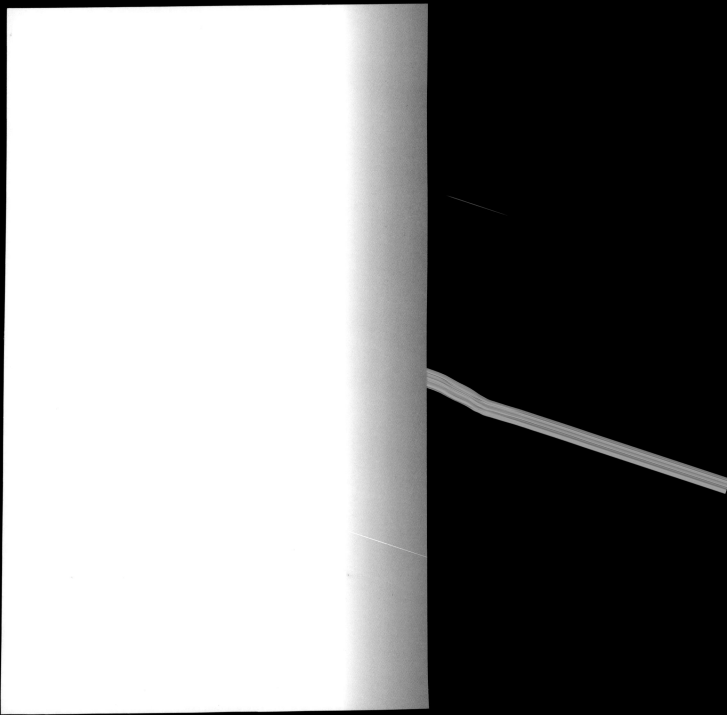

죽음을 찾지 말라,
죽음이 당신을 찾을 것이다.

— 다그 함마르셸드(경제학자, 정치가) —

헌법에서는 자유 보장을 위한 기본권을 정의하고 있습니다. 헌법 제12조에서 말하는 "모든 국민은 신체의 자유를 가진다"라는 표현으로 시작하는 신체의 자유에 대한 정의도 이러한 자유권적 기본권 중 하나입니다. 해당 조항에서는 체포, 구금, 심문 등 법률적 사안에 대한 것도 규정하고 있습니다.

헌법에 명시되어 있지는 않으나 개인이 가지고 있는 생명권과 연관하여 신체의 자유에서는 신체를 훼손당하지 않을 권리가 파생됩니다. 그러나 여기에는 스스로 신체를 훼손하거나 방치하여 죽음에 이르도록 할 권리는 포함되어 있지 않습니다.


의사는 인간의 신체 및 정신의 질병, 손상 등에 대해 연구하고 치료함으로써 인간의 정상적인 건강을 회복하고 유지하기 위한 일을 수행하는 사람으로 정의 할 수 있습니다. 현대 사회에서 죽음과 직면할 수 있는 질병과 사고를 대처함에 있어 의사의 역할은 절대적이며 중심에 있음을 부정할 수 없습니다.

의사는 환자를 치료함에 있어서는 포기하지 않도록 교육을 받아왔고 실제로도 스스로 포기해서는 안 되는 위치에 있습니다. 환자가 치료를 거부하더라도 의사는 윤리적으로나 법적으로 치료를 중단할 수 없습니다.

시한부를 선고받은 말기 환자에게서 갑자기 심정지♦가 발생했다고 가정해보겠습니다. 이 상황에서 그저 지켜만 보고 있을 의료진은 없을 것이고 심폐 소생술을 시행하려 할 것입니다. 환자의 죽음이 예정된 상황에서는 무의미한 생명 연장 시도일 수도 있으나 의료진으로서는 포기할 수 없습니다. 하지만 심폐 소생술은 많은 사람이 생각하는 것만큼 성공적인 시술은 아닙니다. 전반적인 성공률은 15퍼센트 정도로 평소에 건강상 이상이 없던 사람이나 젊은 연령대일수록 성공률이 높습니다. 건강에 문제가 있는 노인층에서의 성공률은 급격히 떨어지고 특히나 말기 환자에서의 성공률은 거의 제로에 가깝습니다.

폐 기능이 저하되어 스스로 정상적인 호흡을 할 수

♦
심장 박동이 멈추어
혈액 순환이 멈추는 현상.
4~5분이 경과하면 영구적인
뇌 손상을 입을 수 있다.

없는 호흡 부전이 발생한 상황에서 의료진은 인공적으로 호흡을 도와주는 기계 장치인 인공호흡기를 사용하려 할 것입니다. 인공호흡기는 풍선을 불듯 기도 내에 공기를 불어넣어 주는 방식을 주로 사용합니다. 이를 위해서는 기도 내에 튜브를 삽입해야 하는데 이때 환자는 상당한 통증과 불편을 느낄 수 있습니다.

인공호흡기는 환자의 호흡을 도와줄 뿐, 호흡 부전을 일으킨 기저 질환 자체를 치료하는 것은 아닙니다. 따라서 말기 환자에게서 호흡 부전이 나타났을 때 단순히 호흡을 보조하기 위해 인공호흡기를 사용하려는 시도는 환자의 정신적 불안감과 통증만을 야기할 수 있습니다. 또한 일부 환자는 불편과 통증으로 인해 무의식적으로 튜브나 측정 장치 등을 제거하려는 시도를 하게 됨으로써 의료진이 환자를 결박해야 하는 상황이 연출되기도 합니다.

1997년, 일부 가족의 강력한 요구로 인공호흡기를 제거한 후 사망한 환자와 관련해 인공호흡기 제거를

반대했던 다른 가족이 의료진을 살인 혐의로 고발한
사건이 있었습니다. 이 사건은 7년 동안의 오랜 법정
공방 끝에 대법원에서 '부작위(不作爲)♦에 의한 살인'으로
의료진에게 유죄 판결을 내렸습니다. 이후 의료계에서는
소생 가능성이 없어 환자나 보호자가 더 이상의 치료를
거부하더라도 병원이 퇴원을 시키지 않기 위해 법원에
'퇴원 거부 가처분 신청'을 내는 사례까지 등장하기에
이르렀습니다. 2008년에는 뇌사 상태인 환자의
가족들이 연명 치료 장치의 제거를 요구하는 소송을
제기하였고 이듬해 최종적으로 승소 판결을 받아 연명
치료를 중단하는 사례도 있었습니다.

환자 치료에 대한 판단과 결정의 중심에는 의사가
있고 그 판단은 현장에서 즉각적으로 이루어져야 합니다.
그럼에도 이처럼 법적인 문제 제기 가능성과 최종 결정이
나올 때까지 오랜 시간을 기다려야 하는 모순 등으로
말미암아 말기 환자 치료에 혼선이 빚어져 왔습니다.
이에 따라 법제화 요구가 꾸준히 제기되었고 최종적으로
2016년에 연명 의료 결정법이 제정되어 2017년 8월부터

시행 중에 있습니다.

연명 의료 결정법에 따라 모든 환자는 자신의 질병
상태와 예후 및 향후 본인에게 시행될 의료 행위에 대해
분명히 인지하고 스스로 결정할 권리가 있습니다. 또한
의료인은 환자에게 최선의 치료를 제공하고 호스피스와
연명 의료에 대한 사항 그리고 연명 의료의 중단 결정에
관해 정확하고 자세하게 설명하며 그에 따른 환자의
결정을 존중해야 합니다. 말기 환자에 대한 모든 의료
행위는 인간으로서의 존엄과 가치를 침해하지 않아야
합니다.

연명 의료 결정법 시행에 있어서 중요한 내용
중 하나가 '사전 연명 의료 의향서'와 '연명 의료
계획서'입니다.

19세 이상 성인이라면 누구나 사전 연명 의료
의향서를 통해 자신에 대한 연명 의료 중단 및
호스피스에 관한 의사를 문서로 미리 남길 수 있습니다.
연명 의료 계획서를 통해 담당 의사가 말기 환자에 대한

연명 의료 중단 결정 및 호스피스에 관한 계획을 문서로 작성하게 됩니다. 환자는 담당 의사에게 연명 의료 계획서의 작성을 요청할 수 있고 또한 언제든지 연명 의료 계획서의 변경 또는 철회를 요구할 수 있으며 이 경우 담당 의사는 이를 반영해야 합니다.

의사는 연명 의료 계획서를 작성하여 환자에게 설명하고 환자는 사전 연명 의료 의향서를 작성하여 연명 의료 중단에 대한 본인의 확실한 의사를 의료진에게 전달함으로써 삶의 질과 존엄성을 고려한 최선의 선택과 결정을 할 수 있습니다.

연명 의료 결정법에서 '말기 환자'는 해당 질환에 대하여 적극적인 치료에도 불구하고 근원적인 회복 가능성이 없고 점차 증상이 악화되어 담당 의사와 해당 분야의 전문의 한 명으로부터 수개월 이내에 사망할 것으로 예상되는 진단을 받은 환자로 명시하고 있습니다. 해당 질환으로는 암, 후천성 면역 결핍증, 만성 폐쇄성 호흡기 질환, 만성 간경화로 정하고 있습니다. 그리고 거부할 수 있는 연명 의료에 해당하는 의학적 시술로는 심폐 소생술, 혈액 투석, 항암제 투여, 인공호흡기 착용으로 규정하고 있습니다. 연명 의료 중단 결정이 이루어지고 이행 중에 있어서도 통증 완화를 위한 의료 행위와 영양 공급, 물 공급, 산소의 단순 공급은 시행하지 않거나 중단되어서는 안 된다고 적시하고 있습니다.

　우리나라의 연명 의료 결정법과 유사한 법률을 이미 시행 중인 미국을 포함한 여러 선진 국가에서는 중단할 수 있는 연명 치료 항목에 인공적인 영양 공급도 포함시키는 등 오해의 소지가 있을 수 있는 세세한 규정을 두기보다 의료진과 환자간의 협의에 따른 결정을 존중하는 쪽으로 탄력성을 부여하고 있습니다.

　말기 환자의 개인별 다양성을 몇 가지의 상황만으로 규정하여 적용시키기에는 무리가 있습니다. 이 때문에 해외에서는 '생명 유언'이라는 형식으로 본인의 수명이 다할 때까지 원하거나 원하지 않는 치료 유형을 문서로 남겨 공증을 받으면 이를 법적으로 인정하는 추세입니다.

　구체적인 항목을 강제함으로써 발생할 수 있는 법적

논란과 의료 현장에서의 혼선을 피하기 위해 연명
의료 결정법도 의료진과 환자 사이의 협의와 결정을
포괄적으로 존중하고 인정하는 방향으로 발전해 나가야
할 것으로 보입니다.

  사전 연명 의료 거부 신청은 사전 연명 의료 의향서를
작성하여 보건복지부가 지역별로 선정한 사전 연명 의료
의향서 등록 기관이나 의료 기관을 방문하여 등록하면
됩니다. 2018년 2월에 처음 시행하여 2021년 9월까지
국립 연명 의료 관리 기관에 등록된 누적 현황을 보면
사전 연명 의료 의향서 등록 104만여 명, 연명 의료
계획서 등록 7만 4000여 명으로 가파르게 증가하고
있습니다. 이처럼 등록 신청자가 예상보다 많은 것은
연명 의료에 대해 개인적인 의견을 존중받고자 하는
열망이 얼마나 절실했는지를 간접적으로 증명하는
것으로 보입니다.

  현대 의학의 눈부신 발전에 따른 각종 생명 연장

장치와 의술은 당신이 결코 마음대로 죽도록 내버려
두지 않습니다. 의사는 모든 의료 지식과 의료 기술을
동원하여 환자를 치료할 의무가 있고 정당한 사유 없이
치료를 거부 할 수 없도록 되어 있기 때문입니다. 따라서
연명 의료에 대한 법률적 거부 의사가 없다면 마지막까지
당신의 입, 코, 혈관에는 각종 튜브와 주사가 꽂힌 채로
죽음을 맞이할 수도 있습니다.

현재의 상황을 냉철하게 이해하고 현명하게 판단하여
인생 마지막만큼은 스스로 결정하겠다는 의지로 사전에
연명 의료 거부 의사를 공개적으로 남기는 순간 비로소
마음대로 죽을 수 있게 될 것입니다.

죽음이 어디서 너를
기다릴지는 불확실하니
어디에서나 그것을 예상하라.

— 루키우스 안나이우스 세네카(철학자, 극작가) —

사람들은 누구나 언젠가는 죽게 되는 것이라면 병을 앓지 않고 건강하게 지내다가 어느 밤에 잠든 채 고통 없이 편안하게 죽었으면 좋겠다는 바람을 말하기도 합니다. 이러한 바람은 의학적으로 해석하면 '급사'를 하고 싶다는 뜻으로 읽힙니다. 급사는 건강한 일상생활을 영위하던 중 증상 발생 후 한 시간 이내에 갑자기 사망하는 경우를 말합니다.

급사에 대한 바람은 어쩌면 죽음에 대한 공포로부터 벗어나 죽음에 이르는 과정에 오래 시달리고 싶지 않다는, 어쩌면 이기적인 바람일 수 있습니다. 그러나 급사는 어떠한 사전 준비나 이별 과정을 거칠 시간도 없이 갑자기 일어나는 것이어서 당사자뿐 아니라 주변 가족이나 친지들에게는 커다란 충격과 아픔 그리고 무한한 아쉬움을 남길 수 있습니다.

생명 유지에 가장 중요한 3대 장기인 심장, 폐, 뇌는 서로 유기적으로 연결되어 있어 한 장기의 기능이 멈추면 순차적으로 나머지 장기의 기능도 멈추게 되어 결국 사망에 이르게 된다는 것은 앞서 기술한 바 있습니다. 급사의 대부분은 이 3대 장기 중 심장 이상에 의한 것이어서 심장 돌연사 혹은 심인성 급사라고 합니다. 심장 질환은 한국인의 3대 사망 원인 중 1위인 암에 이어 두 번째로 많은 사망 원인이기도 합니다. 심장 질환으로 사망하는 사람의 40~50퍼센트 정도는 급사의 형태로 사망하며 심인성 급사의 가장 많은 원인은 급성 심근 경색증입니다.

심장은 끊임없는 펌프 활동으로 온몸에 혈액을 공급하는 생명 유지에 중추적인 장기로 무게가 500그램 정도에 지나지 않지만 온몸을 순환하는 혈액의 5퍼센트 정도를 받아 활동하는 역동적인 장기입니다.

심장은 단 10초만 멈추어도 의식을 잃게 되므로 매 순간 쉬지 않고 심장 박동을 하도록 하는 심장 근육 즉, 심근에 원활하게 혈액이 공급되어야 합니다. 심근에 혈액을 공급하는 세 가닥의 혈관은 머리에 쓰는 관 모양을 하고 있다고 하여 관상 동맥이라고 합니다.

관상 동맥 내층에 콜레스테롤이 쌓이면 침전물의 형태를 만드는데 이러한 구조적 이상이 어느 시기까지는 큰 문제없이 안정 상태를 유지합니다. 그러다가 어느 순간 침전물을 싸고 있던 막이 터지면서 혈관 내의 혈액과 뭉쳐져 굳으면서 이른바 피떡이라고 하는 혈전이 만들어지게 됩니다. 혈전이 관상 동맥을 완전히 막게 되면 혈액 공급이 중단되어 심근이 활동을 하지 못하는 급성 심근 경색 상태가 됩니다. 급성 심근 경색으로 심근이 활동을 하지 못하면 심장이 뛰지 못하게 되고 결국 심정지가 일어나 급사합니다.

동맥 벽의 폭이 좁아지는 현상인 동맥 경화로 인해 관상 동맥이 좁아져 혈액 공급이 원활하지 못한 상태를 협심증이라고 합니다. 급성 심근 경색증과 협심증 모두 관상 동맥의 동맥 경화가 원인이지만 협심증은 단순히 혈관이 좁아져 있는 상태이고 급성 심근 경색증은 혈관이 완전히 막힌 상태를 의미합니다.

급성 심근 경색증은 예고 없이 발생하는 경우가 많지만

급성 심근 경색증 환자의 50퍼센트 정도는 협심증 환자입니다. 따라서 협심증과 관련해 발생할 수 있는 여러 증상을 사전에 이해하고 파악하여 미리 치료를 받는다면 심인성 급사를 피할 수 있어 매우 중요합니다. 가슴 중앙부에 압박감이나 통증이 나타나 어깨, 목, 팔로 전파되는 느낌을 받는다던지 머리가 멍해지거나 호흡 곤란을 느끼거나 심장이 매우 빨리 뛰거나 불규칙하게 뛰는 느낌을 받았다면 서둘러 병원 진료를 받아야 합니다. 만일 진료 후 혈전이 발견됐다면 관상 동맥 중재술을 통해 혈전을 제거하고 좁아진 혈관을 정상화해 혈액 순환이 원활하게 되게 함으로서 심인성 급사를 사전에 막을 수 있습니다.

평소에 동맥 경화 위험 요인인 고혈압, 당뇨, 고지혈증, 과음, 흡연, 비만, 스트레스 등을 피하고 관리하는 것이 중요합니다.


급사의 대부분은 급성 심근 경색증 같은 심장 이상에 의해 발생하지만 일부는 뇌졸중 같은 뇌 기능 이상에 의해 발생하기도 합니다. 뇌졸중은 뇌혈관 질환의 가장 흔한 종류로 뇌혈관이 막히거나 터지면서 야기되는 뇌 손상에 의해 발생하는 신경학적 증상입니다. 뇌혈관 질환은 한국인 사망 원인 중 4위에 속하는 주요 사망 원인이기도 합니다.

뇌졸중은 뇌혈관이 막히면 뇌경색, 뇌혈관이 터지면 뇌출혈 형태로 나타납니다. 심장의 관상 동맥에 혈전이 형성되어 급성 심근 경색증이 발생한다면 뇌혈관에 형성된 혈전에 의해 뇌혈관이 막히면 뇌경색이 발생하고, 신축성이 떨어진 뇌혈관 벽이 급작스럽게 오른 높은 혈압을 이기지 못하고 터지게 되면 뇌출혈이 발생합니다.

뇌경색보다는 뇌출혈로 인해 급사하는 경우가 많습니다. 특히나 뇌동맥류가 파열되는 뇌출혈의 경우 환자의 10퍼센트 정도는 병원 도착 이전에 이미 사망합니다. 급사를 피했다 하더라도 뇌출혈로 인한 전체적인 사망률은 40~50퍼센트 정도이고 특히 출혈 양이 소주잔 한 잔 정도를 넘어갈 경우 사망률은 90퍼센트에 이릅니다.

뇌출혈에 따라 응고된 핏덩이에 눌린 뇌의 신경 세포들은 제 기능을 할 수 없고 회복이 어려워 뇌출혈 후 생존자의 대부분은 영구적인 혼수, 반신 마비, 언어 장애, 운동 장애, 감각 장애, 보행 장애, 기억 상실 같은 후유증이 남을 수 있고 20~30퍼센트 정도만 독립적인 생활이 가능해집니다.

뇌경색은 뇌출혈에 비해 급사 위험도나 사망률은 상대적으로 낮습니다. 뇌경색으로 인한 급사를 피했다고 하더라도 혈류 공급이 중단된 뇌 신경 세포 역시 기능이 멈추어 뇌출혈과 유사한 후유증을 남길 수 있습니다. 하지만 그 예후는 보다 양호하여 70퍼센트 정도는 6개월 내에 보행이 가능하고 80퍼센트 정도는 옷을 입거나 용변을 보는 등의 독립적인 일상생활이 가능해집니다.

뇌는 혈액 공급이 4~5분만 중단되어도 영구적인 손상을 입게 됩니다. 뇌졸중으로 인한 후유증은 환자는 물론 가족 모두에게 절망감을 줄 수 있습니다. 뇌졸중의 전조 증상이나 징후인 두통, 구토, 어지러움, 반신 마비,

감각 이상, 실어증, 발음 장애, 걸음걸이 이상, 시야 장애 등이 있다면 신속하게 병원 진료를 받고 가능한 빠른 시간 내에 치료를 받아야 치명적인 뇌졸중을 피하고 영구적인 뇌 손상을 막을 수 있습니다.

뇌졸중을 예방하기 위해 평소 고혈압, 당뇨, 고지혈증, 흡연, 음주, 과로, 스트레스 등의 위험 요소들에 대한 치료나 관리는 매우 중요합니다.


급성 심근 경색이 발생하기 몇 달 전이나 며칠 전부터 가슴의 통증이나 맥박이 빨라짐을 느끼거나 숨이 차고 쉽게 피로감을 느끼는 등의 증상이 나타날 수 있습니다. 이 시기에 적절한 진단과 치료를 받는다면 심인성 급사를 피할 수도 있습니다. 하지만 불행히도 이 시기를 놓치고 방치하여 심근 경색이 발생한다면 한 시간 이내에 부정맥, 저혈압, 가슴 통증, 호흡 곤란, 어지러움 등을 동반한 심장 발작이 일어나고 심정지와 함께 의식을 잃게 됩니다. 의식을 잃은 상태에서도 다행히 주변 사람에게 일찍 발견되어 조기에 심폐 소생술이 성공적으로 시행된다면 급사를 막을 수 있지만 심폐 소생술을 받지 못하거나 실패한다면 결국 사망에 이르게 됩니다.

뇌졸중의 경우에도 빠른 시간 내 시행한 약물 치료나 수술이 성공하면 급사를 막을 수 있으나 그 시기를 놓치면 사망하거나 영구적 뇌 기능 손상에 따른 후유증이 남습니다.

급성 심근 경색증이나 뇌졸중으로 인한 급사를 피했다 해도 후유증으로 오랜 기간 병상에 누워 있다 보면 심부 정맥 혈전증, 욕창, 폐렴, 요로 감염 등 합병증으로 사망에 이르기도 합니다.


폐렴은 한국인의 사망 원인 중 암, 심장 질환에 이어 세 번째로 많은 질환입니다. 0.1밀리미터 이하의 작은 생물체를 미생물이라고 하는데 이중 주로 세균(박테리아), 바이러스에 의해 폐 조직이 감염되어 폐에 염증을 일으키는 것을 폐렴이라고 합니다.

필연적으로 폐는 호흡을 통해 외부 미생물이 체내로 유입될 수 있는 장기입니다. 건강하고 면역 기능이 정상인 경우에는 미생물 감염으로부터 예방이나 회복이 가능하지만 기저 질환이나 고령 등으로 몸이 쇠약해진 경우나 특히 말기 환자의 경우에는 면역 체계가 무너져 폐렴 원인균을 극복하지 못하고 사망에 이를 수 있습니다.

　폐렴의 원인이 무엇이든 사망에 이르게 되는 과정은 거의 유사합니다. 조기에 치료되지 못한 원인균에 의해 혈액이 감염되면 혈액을 통해 전신 염증 반응을 일으키는 패혈증이 나타납니다. 패혈증으로 온몸의 장기 기능이 급격히 악화되면 특히 심장 기능이 멈추면서 급격히 혈압이 떨어지고 맥박이 빨라지면서 결국 심부전 상태가 되어 사망에 이르게 됩니다.

　폐렴으로 시작하여 패혈증, 급성 심부전을 거쳐 죽음에 이르는 과정은 발병 후 한 시간 내에 사망하는 급사 같이 빠른 시간 내에 사망에 이르지는 않지만 수일 안에 일어날 수 있어 죽음에 대해 준비할 시간적 여유가 없습니다. 폐렴으로 환자의 상태가 급속히 악화되면 대부분의 환자는 중환자실에 입원하거나 주변 사람과 대화를 나눌 수 없을 정도로 심각해져 결국 가족이나 지인들과 마지막 대화나 이별의 시간도 갖지 못한 채 황망하게 죽음에 이르게 되는 경우가 많습니다.

죽음의 과정은 곧 이별의 과정이기도 합니다. 죽음이 두려운 것은 이별이 두려워서이기도 합니다. 이 세상에 태어나 인연을 맺은 가족, 친지를 포함한 모든 이들과의 작별 인사는 죽음이라는 이별이 결코 모든 끈이 끊어지는 마지막이 아니라 죽음 이후에도 남겨진 사람들과 언제나 이어지고 있음을 알리는 소중한 기회가 될 수 있습니다. 이러한 기회를 빼앗아가는 급작스러운 죽음은 그래서 피할 수만 있다면 피해야 합니다.

죽음은
영원한 긍정의 문을 여는
황금 열쇠이다.

— 존 밀턴(시인, 사상가) —

선물의 사전적 의미는 '정을 담아 주는 물건'입니다.
선물은 누구에게나 항상 기분 좋은 것이지만 상대방이
무엇을 원하고 좋아하는지 정확히 알기 어려울 때는
고르기 힘들어지기도 합니다. 상대방이 세상 그 무엇보다
가장 원하고 반길 선물이 있다면 그것은 바로 생명일
것입니다.

뇌는 성인 기준 1500그램 정도의 무게를 지닌 신경
세포 덩어리라고 할 수 있습니다. 인간의 뇌는 부위에
따라 각각의 고유한 역할을 담당하고 있습니다. 대뇌는
뇌의 90퍼센트를 차지하며 감각, 감정, 언어, 생각,
기억, 판단 등 정신 활동을 관장합니다. 직경 8센티미터
정도 크기로 뇌의 아랫부분에 위치하는 뇌간은 일명
뇌줄기라고도 하며 체온 조절, 호흡, 심장 박동, 소화 기능
등 생명 유지에 절대적으로 필요한 역할을 수행하고
있습니다.

사고나 질병으로 뇌 손상을 입은 경우 손상 부위가

대뇌에만 국한되면 의식은 없어도 뇌간의 기능은 정상적으로 유지되어 호흡, 소화, 순환, 혈압은 정상적으로 유지됩니다. 인공호흡기 없이도 호흡이 가능하고 눈을 깜박거리거나 신음 소리를 내기도 하는데 이런 상태를 흔히 식물인간이라고 합니다. 식물인간 상태에서는 수주 내로 의식을 회복하거나 의식이 돌아오지 않더라고 장기간 살아 있는 경우도 있습니다.

반면 뇌간을 포함해 손상을 입은 경우 심장 박동이나 호흡처럼 생명 유지에 필수적인 기능이 멈추면서 필연적으로 죽음에 이르게 됩니다. 이처럼 뇌간을 포함한 뇌 기능이 완전히 정지되어 회복 불능인 상태를 뇌사라고 합니다. 현대 의학의 발달로 각종 생명 연장 장치가 개발되면서 뇌사 상태에서도 인공호흡기 등에 의해 얼마 동안은 기계에 의해 호흡과 심장 박동을 연장할 수는 있으나 근본적인 회복은 불가능해 인공호흡기를 제거하면 곧 사망에 이르게 됩니다.

죽음의 정의가 생명 3대 장기인 심장, 폐, 뇌의

기능이 불가역적으로 영구히 멈추는 것을 의미한다면 인공호흡기 같은 생명 연장 장치의 개발로 뇌는 이미 죽었지만 심장과 폐는 살아 있는 상황이 발생하게 되면서 사망 판정에 혼선이 발생하게 되었습니다. 그러나 뇌사 후 인공호흡기로 심장과 폐의 기능을 일시적으로 유지하는 것에도 한계가 있어 대략 2주 후부터는 심장과 폐의 기능도 더 이상 버티지 못하고 심장과 폐마저 기능이 정지되는 심폐사에 서서히 이르게 됩니다. 고전적인 죽음의 정의를 따르자면 뇌사 후 심폐사에 이르기까지 기다렸다가 심장, 폐, 뇌의 기능이 모두 멈춘 것을 확인하고 최종 사망 선고를 하는 것이 합리적일 수 있습니다.

뇌사를 사망으로 인정하는 것은 장기 이식과 불가분의 관계가 있습니다. 뇌사 후 심폐사에까지 이르게 되면 심장과 폐는 물론이거니와 원활한 혈액과 산소 공급을 받아야 기능 유지가 가능한 간, 콩팥 등 모든 장기와 심지어 피부 조직까지 모든 기능이 멈춥니다. 결국

심폐사 이후에는 이식 가능한 장기와 조직이 모두
사라지게 되어 뇌사를 사망으로 인정하지 않으면 장기
이식은 존재할 수 없는 것입니다.

뇌사를 진정한 사망으로 볼 것인가에 대한 여러 의견
충돌이 있었음에도 불구하고 1968년에 미국 하버드
의과대학 보고서에서 뇌사를 사망으로 정의한 이후 여러
국가가 이를 따르고 있습니다. 현재 우리나라에서도 장기
등 이식에 관한 법률을 제정하고 장기 이식을 전제로 할
때만 뇌사를 인정하고 있습니다.

장기 이식법에 따라 전문 의사인 위원 2명 이상과
의료인이 아닌 위원 1명 이상을 포함하여 뇌사 판정
위원회를 구성하고 위원의 과반수 이상 출석과 출석
위원 전원의 찬성이 있어야 뇌사로 판정 할 수 있습니다.
스스로 전혀 호흡을 할 수 없고, 동공은 완전히 열려
있고, 빛을 비추면 눈동자가 작아지는 동공 반사나 눈의
각막을 건드리면 눈을 감는 각막 반사가 전혀 일어나지
않는 것을 확인하고, 뇌파 검사에서도 30분 이상
아무런 반응이 없는 것이 확인되면 최종적으로 뇌사

판정 위원회에서 뇌사로 판정할 수 있는 조건을 갖추게 됩니다.

우리나라의 경우 부모에게서 물려받은 신체를 훼손해서는 안 된다는 동양적 관념이 강해 미국이나 유럽에 비해 뇌사자의 장기 기증이 5분의 1 정도에 그치고 있습니다. 2020년 말 기준으로 국내 장기 이식 대기자는 4만 3000여 명으로 매년 대기자는 늘고 있으나 기증자는 대기자의 10퍼센트 수준에 불과합니다. 따라서 하루 평균 5.2명은 필요한 장기를 제때 이식받지 못해 사망하고 있는 상황입니다.

뇌사자가 기증할 수 있는 장기는 심장, 폐, 간, 신장, 췌장, 소장, 안구 등이고 장기 이외에 뼈, 혈관, 피부 등 인체 조직도 기증이 가능합니다. 다만 인체 조직 기증의 경우 신체를 훼손한다는 거부감이 강해 우리나라에서는 장기 기증은 하지만 인체 조직 기증은 하지 않는 경우가 많습니다. 우리나라는 현재 인체 조직의 경우 기증자가 부족해 이식재의 약 87퍼센트를 수입에 의존하고 있습니다.

뇌사 판정 이후 장기가 제 기능을 유지할 수 있는 보존 시간은 상당히 짧아 심장, 폐, 소장의 경우 4~6시간, 간은 12시간, 췌장 12~18시간, 신장 72시간 정도입니다. 따라서 뇌사자의 장기를 신속히 적출하여 냉동 상태로 이송해 이미 수술 준비를 마치고 대기 중인 장기를 제공받을 수여자에게 전달할 수 있어야 합니다. 기증자의 숭고한 뜻이 행정상의 문제나 주변의 비협조적인 여건으로 인해 포기되거나 지체되어서는 안 될 것입니다.

우리나라는 뇌사 기증을 장려한다는 의도에서 기증자의 유가족에게 위로금을 지급해 왔습니다. 현금 지급이 기증자의 숭고한 뜻에 반할 수 있다는 여론이 있어 2018년에 위로금 제도는 없앴지만 현재는 위로금 대신 장례비 명목의 지원금이 지급되고 있습니다. 전 세계에서 기증자의 가족에게 어떤 형태든 금전적 보상을 지급하는 국가는 한국과 사우디아라비아뿐입니다. 또한 우리나라는 기증인의 가족과 이식인 간의 인적 정보

교류를 엄격히 금하고 있습니다.

　미국이나 유럽의 선진 장기 기증 국가에서는 금전적
지원은 없고 유가족의 심리 상담이나 기증자 추모공원을
설립하여 기증자의 뜻을 기리고 기증인과 이식인이
최소한의 교류를 할 수 있도록 허용하고 있습니다.
우리나라도 금전적 지원은 없애고 기증자의 숭고한 뜻을
받들어 기증자 묘역을 포함한 추모 공원 건립을 추진하고
유가족에 대한 심리 상담을 국가적 차원에서 지원하는
등의 노력으로 뇌사자 장기 기증에 대해 한 차원 높은
사회적 분위기를 조성하는 것이 필요합니다.


　2007년부터 운전면허증에 장기 기증 희망 의사
표시 제도가 시행되고 있으나 현재 시행 중인 장기
이식법에서는 뇌사자가 사전에 장기 이식에 동의하였다
해도 가족이나 유족이 거부하는 경우 뇌사자 본인의
의사와 상관없이 장기 기증이 불가능합니다. 교통사고로
뇌사 판정을 받은 무연고자가 생전에 밝힌 장기 기증
의사를 증명하는 장기 기증 스티커가 발견되었다고

해도 연고가 있는 가족을 찾아 동의를 얻지 못하면 장기 기증이 불가능한 것이 현실입니다. 이처럼 생전 고인의 유지가 유명무실해지는 일도 벌어지고 있습니다.

생을 마감하는 순간이 다른 사람에게는 새로운 생명의 시작이 되도록 기증자의 자기 결정권이 존중되어야 한다는 점에서 유족의 동의에 대한 부분을 포함한 여러 문제점에 대한 법적 개선이나 보완이 필요하다 하겠습니다.


아직도 종교적, 윤리적으로 뇌사를 인정하는 문제에 대해서 불합리하다는 반대 의견이 존재합니다. 또한 장기 이식 자체에 대한 거부감을 가지고 있는 경우도 많습니다. 그러나 건강하고 정상적 삶이 어렵고 결국 죽음에 이를 수밖에 없는 절박한 상황에 놓인 누군가에게는 장기 기증자의 고귀한 선물 덕분에 건강한 삶을 회복할 수 있다면 이식을 받은 개인은 물론이고 가족이나 사회 모두 환영하고 축복받을 만한 일임에는 분명할 것입니다.

죽음이 우리에게 찾아오기 전에
우리가 먼저 그 비밀스러운
죽음의 집으로 달려 들어간다면
그것은 죄일까?

— 윌리엄 셰익스피어(극작가, 시인) —

수많은 전쟁터에서 죽음과 대면했던 로마의 황제 아우구스투스는 "나는 아내의 팔에 안겨 빠르고 고통 없이 죽음을 맞이하고 싶다"라고 고백했다고 합니다. 이 고백에서부터 유래했다는 안락사의 그리스어 어원은 '아름다운 죽음'을 뜻합니다.

안락사는 생명 유지가 무의미하다고 판단되는 생명체에게 고통 없이 죽음에 이르도록 하는 모든 포괄적 행위를 일컫는 것으로 이를 사람에게 적용하는 경우에는 적극적인 행위와 소극적인 행위로 나눌 수 있습니다.

적극적 안락사는 의학적으로 소생 가능성이 없고 더 이상 치료에 대한 효과나 의미를 기대할 수 없는 말기 환자를 대상으로 합니다. 질병에 따른 극심한 통증이나 기타 증상으로 인해 정신과 육체가 피폐해져 죽기 전까지 고통으로 인간의 존엄성에 심각한 훼손이 확실시될 때 치사량의 약물이나 독극물을 직접 주사하여 단시간에 죽음으로 이끄는 경우를 말합니다. 소극적 안락사는 말기 환자에게서 모든 연명 치료를 중단하고 생명 유지에 필요한 영양 공급, 약물 투여를 중단해 서서히 죽음에 이르도록 하는 경우를 말합니다.

우리가 흔히 말하는 안락사는 대제로 적극적 안락사를 의미하지만, 우리나라에서는 허용되지 않습니다. 이 때문에 연명 의료 결정법에 기반해 무의미한 연명 의료를 중단하고 환자 스스로 존엄한 죽음을 맞이하게 되는 경우 안락사와 구별하여 존엄사라는 명칭을 사용하고 있습니다. 연명 의료 결정법은 연명 의료는 중단하지만 환자에게 영양분, 물, 산소 공급은 중단하지 않도록 하고 있어 소극적 안락사와 차별화를 하고 있습니다.

최근 들어 안락사는 불허하고 존엄사만을 인정하는 국가들에서는 연명 의료 중단에 인공적으로 영양을 공급하는 것도 포함하고 있습니다. 임종 직전에 영양분, 물, 산소 공급 중단 결정을 내리기 위한 판단의 어려움 때문입니다. 존엄사를 정의함에 있어 영양분, 물, 산소 공급 중단에 대한 구체적인 언급을 하지 않음으로써 존엄사의 의미를 좀 더 포괄적으로 확대하고 혹시 발생할지 모르는 법적 문제를 피해 나가는 추세입니다.

　우리나라에서 안락사는 불법이므로 환자의 명시적
요청이 있었다 하더라도 촉탁, 승낙에 의한 살인죄가
적용되고 촉탁이 없는 경우에는 일반 살인죄가 성립하게
됩니다.

　현재 안락사가 합법화되어 허용되고 있는 국가는
스위스, 네덜란드, 벨기에, 룩셈부르크, 콜롬비아, 캐나다,
미국 등 여덟 개 국가이고 미국은 오리건, 워싱턴,
캘리포니아, 콜로라도, 버몬트, 몬태나, 하와이까지 일곱 개
주에서만 합법화되어 있습니다.

　의사가 직접 환자에게 독극물을 주사하여 죽음에
이르게 하는 적극적 안락사 방식과 달리 의사가 환자에게
독극물을 처방하고 환자가 처방받은 독극물을 스스로
복용하거나 주입함으로써 죽음에 이르게 하는 방식을
'조력 자살'로 따로 구별하고 있습니다.

　적극적 안락사는 형식적으로 타살이라는 법적

개념에서 예외적으로 다루어지기 어려울 수 있고,
독극물을 주입하는 의사의 정신 건강상의 문제와
인간은 어떤 이유에서든 타인의 생명을 앗아가서는 안
된다는 생명 윤리 문제에 직면할 수 있습니다. 이러한
적극적 안락사의 모순점을 벗어나기 위해 환자 스스로
죽음에 이르는 자살의 형태를 취함으로써 법적, 윤리적
문제를 피해 가려는 대안이 바로 조력 자살이라고 할 수
있습니다.

현재 스위스의 경우 조력 자살은 허용하고 있으나
적극적 안락사는 허용하지 않고 있습니다. 네덜란드,
벨기에, 캐나다는 적극적 안락사와 조력 자살 모두
합법입니다.
대부분의 안락사와 조력 자살을 합법화한 국가에서는
말기 환자가 주요 대상인 반면, 전 세계에서 제일 먼저
적극적 안락사와 조력 자살을 합법화한 네덜란드에서는
허용 범위가 좀 더 포괄적이어서 육체적 고통뿐만 아니라
정신적 고통도 포함하고 있어 죽음이 임박한 말기 환자가

아니어도 허용됩니다. 현재 네덜란드 전체 사망자 중 약 4.5퍼센트가 안락사로 사망하고 있습니다.

안락사 허용 국가의 대부분은 유사한 적용 조건을 정하고 있습니다. 환자가 성인이어야 하고, 수명이 얼마 남지 않은 말기 환자이며, 정신적으로 정상인 상태에서 외부의 강압 없이 본인의 자발적 요구에 의한 것임을 복수의 의사가 확인해야 합니다. 또한 환자는 호스피스 등 다른 선택이 존재함을 충분히 인지하고 있어야 하고, 조력 자살을 요청한 경우 이에 대한 증거와 투명성을 확보하고 있어야 합니다. 그리고 안락사에 대한 요청은 언제든지 철회할 수 있어야 합니다.

현재 안락사를 합법화한 국가의 대부분은 약물을 사용하여 안락사를 유도합니다. 모든 약제는 적정 용량을 투여할 경우 약이 되지만 그 용량을 초과할 경우 독이 된다는 사실이 약물을 이용한 안락사의 기본 개념이 됩니다.

가장 많이 사용되는 약물은 펜토바르비탈입니다. 1930년대에 진정제로 개발된 이 약품은 한국에서 항정신성의약품으로 분류되어 있습니다. 펜토바르비탈은 투여 용량의 증가에 따라 차례로 진정제, 수면제, 마취제로서의 효과를 볼 수 있습니다. 기본 용량에 10그램 정도를 추가로 주입하면 마취와 근육 이완 효과에 따른 근육 마비로 결국 호흡을 멈추게 하여 사망에 이르게 할 수 있습니다. 경우에 따라서는 펜토바르비탈 투여로 마취를 유도하고 추가로 근육 이완제를 투여하기도 합니다.

약물을 이용한 안락사는 실제로 독극물을 이용한 사형 집행과 거의 일치합니다. 독극물로 사형을 집행할 때는 세 가지의 주사제를 순차적으로 주사하게 됩니다. 첫 번째로 펜토바르비탈을 주사하여 사형수를 마취 상태로 유도해 의식을 잃게 합니다. 두 번째로 근육 이완제를 주사하여 근육 마비로 호흡을 멈추게 합니다. 마지막으로 염화칼륨을 주사하여 심장이 멈추도록 해 사망에 이르게 합니다.

최근에는 기체를 이용한 안락사 방법이 소개되고 있습니다. 헬륨, 아르곤, 질소 등의 기체로 채워진 밀폐 공간에서는 고통 없이 5초 이내에 의식을 잃게 되고 3분 이내에 사망에 이르게 됩니다. 질소를 이용한 조력 자살 기기도 개발되었습니다. 이 기기의 개발자에 따르면 대상자가 기기 내로 들어가 스스로 버튼을 누르면 질소가 가득 채워지면서 산소 농도를 5퍼센트 이하로 떨어뜨려 대상자를 사망에 이르도록 유도한다고 합니다.

의미 없는 생명 연장이 오히려 인간의 존엄을 훼손할 수 있다는 공감대가 형성되면서 세계적으로 안락사의 합법화를 추진하려는 국가가 늘고 있는 추세입니다. 프랑스의 경우 안락사 합법화가 대통령의 대선 공약이었으나 종교 단체의 반발에 부딪혔습니다. 결국 안락사에는 못 미치지만, 환자가 사망할 때까지 지속적으로 진정제를 투여하는 것은 가능토록 하여 잠든 상태로 죽음에 이를 수 있는 수준에서 절충안을 마련하게 되었습니다.

일본은 한국처럼 존엄사만을 허용하고 있습니다. 최근 사망이 임박한 시기에 겪게 되는 참을 수 없는 고통에 대해 죽음 외에는 그 고통을 제거할 수단이 없다고 최종 판단될 경우, 무엇보다 환자의 확고한 의사가 있다는 것을 전제로 안락사를 도입하는 방안에 대해 활발히 논의하고 있습니다.

최근 스위스에서 조력 자살로 사망한 한국인이 존재한다는 사실이 밝혀져 충격을 주고 있습니다. 오로지 죽기 위해 안락사가 불법인 한국을 떠나 타지에서 쓸쓸히 죽음을 맞이할 수밖에 없었던 고인의 심정이 얼마나 절절했을지 안타깝기만 합니다.

이제 한국도 사회적 반감을 최소화하면서 국민 정서상 수용 가능한 단계부터 서서히 합의점을 찾아가는 방식으로 존엄사의 범주를 뛰어넘는 한국형 안락사에 대한 논의를 시작하는 것이 필요한 시기라고 생각됩니다.

2015년, 영국의 유명 존엄사 운동가가 스스로

음식을 거부하며 죽음을 준비하다가 사망하게 되면서 20년 동안 그를 괴롭혔던 중추 신경계 질환인 다발성 경화증으로부터 벗어날 수 있었습니다. 안락사가 불법인 영국에서 스스로 죽을 권리를 찾아 나선 그의 결정이 과연 옳았는지에 대해서는 의견이 분분합니다. 그러나 이 작은 움직임을 계기로 식물인간 상태로 3년 이상 경과한 경우 영양 공급 장치를 제거하는 행위가 합법이라는 판결이 나오는 등 죽을 권리에 대해 변화의 조짐이 일어나고 있습니다.

개인의 죽을 권리는 과연 주어져야 하는지, 죽을 권리가 정말 존재하는지, 누구에게 어떤 상황에서 이러한 결정을 내릴 권한을 부여할 수 있는지 등은 언제나 논쟁거리였고 언제까지 풀리지 않을 논란으로 남을 수도 있습니다. 하지만 점차 논란에서 허용과 실행으로 옮겨가는 추세인 것은 분명해 보입니다.

죽음은 우리 모두의 숙명이고
삶이 만든 최고의 발명품이다.

— 스티브 잡스(기업인) —

인간의 수명은 영원하지 않습니다. 정상적인 유전자의 정보에 따라 세포는 자기 복제를 하고 고유한 기능을 유지하게 됩니다. 그러나 세월이 흐르면서 유전자에 조금씩 오류가 쌓이면서 비정상적인 단백질이 생성됩니다. 이로 인해 세포의 대사 작용이 원활히 이루어지지 않게 되고 세포의 수명이 서서히 한계에 이르면서 신체 나이가 늘어나게 됩니다.

자연 수명이란 자연에 의해 규정된, 생명을 유지할 수 있는 최대 수명을 의미합니다. 여러 연구를 통해 인간의 자연 수명은 38년 정도인 것으로 밝혀졌습니다. 이러한 인간의 자연 수명은 침팬지(39.7년)나 멸종된 인간의 한 종인 네안데르탈인(37.8년)과 비슷합니다. 참고로 거북의 자연 수명은 100년이 넘고 북극고래는 200년이 넘는다고 알려져 있습니다.

인간의 평균 수명은 영양 상태와 의료 환경 개선으로 꾸준히 증가해 현재는 자연 수명의 2배 이상이 되었습니다. 2019년 기준으로 한국인의 평균 수명은

83.3세로 경제협력개발기구(OECD) 국가 평균인
80.9세와 비교해도 상위권에 속합니다. 구체적으로
남자는 80.3세, 여자는 86.3세로 경제협력개발기구
전체 회원국 중 남자는 12위, 여자는 3위 수준입니다.
경제협력개발기구 국가 평균 수명 상위 국가는 남자는
스위스(82.1세), 아이슬란드(81.7세), 스웨덴(81.5세),
이탈리아(81.4세), 일본(81.4세) 순입니다. 여자는
일본(87.5세), 스페인(86.7세), 한국(86.3세), 프랑스(85.9세),
스위스(85.8세) 순입니다.

자연 수명을 뛰어넘어 지속적으로 늘고 있는 인간의
수명이 어디까지 늘어날지 추측해보면 현재 여러 연구의
결과 인간 수명의 한계는 115세 정도로 알려져 있습니다.
그러나 분명한 것은 인간 수명의 한계는 생활 환경,
의료 환경의 발전과 함께 지속적으로 늘어날 것이라는
점입니다. 2300년이 되면 150세까지 사는 사람이
등장할 수 있다는 연구 결과도 있습니다.
인간의 수명이 아무리 늘어난다고 해도 언젠가는

죽음에 이르게 된다는 명제는 변하지 않습니다.

시대가 변하고 평균 수명이 늘어나도 죽음에 이르는 마지막 시간이 고통스럽고 요란하기보다는 평화롭고 자연스럽기를 바라는 고령자들의 바람은 변하지 않을 것입니다.

노환은 다른 질병 없이 노화로 인해 신체 기능이 점차 약화되면서 몸이 쇠약해지는 것을 의미하며 노환으로 사망하는 것을 자연사라고 합니다. 마치 촛불이 서서히 사그라지다가 결국은 꺼지는 것처럼 오로지 늙는다는 그 이유 하나만으로 인간 고유의 수명을 다하고 죽음에 이르는 것이야말로 진정한 의미의 자연사라고 할 수 있습니다. 하지만 의학적으로는 노환이나 자연사는 사망 원인이 될 수 없습니다. 사망 원인이란 '사람을 죽음에 이르게 한 질병, 병적 상태 또는 손상'을 말하는 것으로 막연하고 추상적인 개념이 아니라 의학적이고 구체적인 개념이기 때문입니다.

고령자도 다른 연령대 사망 원인과 크게 다르지

않아서 급성 심근 경색증이나 뇌졸중으로 급사할 수도 있고 암이나 폐렴으로 사망하거나 면역 기능이 떨어진 상태에서 여러 질병에 따른 복합적 합병증으로 사망하게 될 것입니다.

병 없이 오래 살다가, 즉 무병장수(無病長壽)하다가 노환으로 자연사했다는 것이 의학적으로 따져본다면 병이 없었다기보다는 병을 모르고 오래 살다가, 즉 무지병장수(無知病長壽)하다가 사망했다는 것이 정확한 의미일 것입니다.


지금처럼 의술이나 병원 시스템이 잘 갖추어지지 않았던 때에는 고령자가 극도로 쇠약해지고 병세가 있으면 별채나 독방에 따로 모셔 집안 식구들이 봉양을 했습니다. 그렇게 몇 주, 몇 달을 앓다가 죽으면 노환으로 죽었다고 하고 장례를 치렀습니다. 현대 의학의 관점으로는 분명 죽음에 이르게 한 병인이 있었겠지만, 그 원인을 알려고 하거나 밝히기보다 사람은 언젠가 죽는다는 자연의 명제에 따라 노환으로 죽는 것을 망자나

주변인들 모두 자연스럽게 받아들였던 것이 어쩌면
진정한 의미의 자연사였을 것입니다.

　현대의 의료 시스템에서는 자연사를 허용하지
않습니다. 건강 상태가 나빠진 고령자를 집에 두는 것은
노인을 무책임하게 방치하는 것이고 불효하는 것이어서
어떻게든 병원으로 모셔야 하기 때문입니다. 병원에서는
거동이 힘들고 정신도 혼미한 고령자에게서 채혈은
물론이고 엑스선 촬영, 컴퓨터 단층(CT) 촬영, 자기 공명
영상(MRI) 촬영 등 각종 검사를 시행합니다. 검사 결과
암이 발견된다거나 심혈관 혹은 뇌혈관이 막혔다는
진단을 받더라도 고령이어서 수술이나 기타 시술이
위험하거나 의미가 없을 수 있다는 답변이 돌아올 수도
있습니다.

　고령자는 결국 요양 병원이나 노인 요양 시설을 전전할
것이고 침대 앞에 붙여질 푯말의 병명에는 노환이 아닌
무언가 무시무시한 병명이 쓰일 것입니다. 이제 고령자의
자연사는 불가능해져 결국 시간이 흐른 뒤 병사로 죽음을

맞이한 또 한 명의 노인이 될 것입니다.

현재의 추세대로 인간의 수명이 늘어난다면 머지않아 100세 이상의 고령자도 흔히 볼 수 있는 시대가 올 수 있습니다. 이러한 고령자의 건강이 심각하게 악화했을 때 그 고령자 본인은 각종 검사를 통해 질병 원인을 알고 싶어 할는지, 아니면 자신의 자연스러운 노화를 이해하고 자연사의 형태로 생을 마감하기를 원할는지는 당사자가 아닌 이상 섣불리 판단하기 어려운 문제입니다.

말기 환자에서 무의미한 연명 의료를 받지 않겠다는 의사를 사전에 등록하는 사전 연명 의료 거부 신청이 연명 의료 결정법으로 보장되고 있듯 일정 연령 이상의 고령자에게서 무의미한 검사나 치료를 거부하고 이른바 자연사를 받아들이겠다는 '자연사 결정법' 같은 것이 필요한 시대가 오고 있을지도 모릅니다. 다만 인간의 존엄을 고려한 연명 의료 결정법의 취지처럼 미래에는 90세 혹은 100세가 넘으면 모든 검사나 치료를 거부하겠다는 자연사에 대한 의사 표시는 충분히 합리적인 개인 의사 결정권이 될 수 있습니다.

　2020년 기준 한국의 65세 이상 노인 인구는 15.7퍼센트로 이미 고령 사회로 접어들었고 2025년에는 20.3퍼센트에 이르러 초고령 사회로 진입하게 될 전망입니다. 반면 출산율은 지속적으로 감소해 2020년 기준 0.83명으로 세계 유일의 출산율 0명대 국가가 되었습니다. 이러한 추세라면 2025년에는 국민 5명 중 1명이 노인이 되고, 2040년에는 3명 중 1명은 노인인 사회가 될 것으로 예상됩니다. 초고령 사회로 접어들면서 2025년 노인 진료비는 60조 원에 육박하고, 2060년이 되면 337조 원까지 증가할 것으로 보입니다. 이러한 상황에서 자연사는 무의미하고 무분별한 의료 행위로부터 벗어나 어쩌면 남은 세대에 부담을 줄일 수 있는 작은 밀알이 될 수도 있습니다.

　모르는 게 약이라는 말도 있으나 현대 사회에서는 어떻게든 병명을 찾으려 하기에 무병장수라는 말은 용납되지 않습니다. 그러나 한편에서는 치료할 수 없을

바에는 구태여 병명을 알 필요 없이 무지병장수 하다가
자연의 부름을 받고 자연사를 택하겠다는 이들의 바람도
존재함을 무시해서는 안 될 것입니다.

　인간이 죽지 않고 영원히 살 수 있다면 과연 행복할까요?
많은 신화에서 죽지 않는 것을 형벌로 내리는 이유는
죽지 않는 것이 행복하기보다 고통일 수 있어서가 아닐까
생각해봅니다.

　영원히 산다면 반복되는 일상에서 살아가는 의미를
잃고 종국에는 고통 속에 나날을 보낼 수도 있습니다.
그렇다면 죽음은 오히려 더 큰 고통으로부터 인간을
구원하는 수단이 될 수 있을지도 모르겠습니다. 그래서
자연스러운 생명의 순환으로 자연사를 감사하게
받아들여야 한다는 생각도 해봅니다.

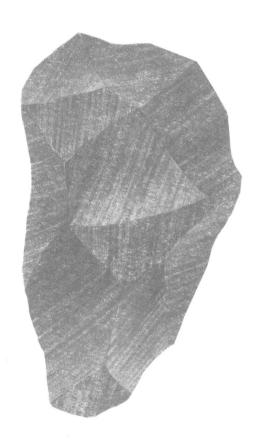

보람 있게 보낸 하루가
편안한 잠을 가져다주듯
값지게 살아온 인생은
편안한 죽음을 가져다준다.

— 레오나르도 다 빈치(미술가, 과학자, 사상가) —

오늘 저녁 식사로는 무엇을 먹을지, 이번 주말에는 무슨 영화를 볼지 같은 가까운 미래의 일부터 어느 대학을 가고 어떤 직업을 택할지 같은 먼 미래의 일까지 누구나 끊임없이 인생을 설계하면서 살아갑니다. 그러나 죽음은 어느 순간 그냥 '당하는' 것이고 미리 상상하는 것조차 기분 나쁘고 찜찜한 깃이라는 선입견 때문에 죽음을 설계한다는 것을 쉽게 수긍하기 어려울 수 있습니다.

서로 다른 인생사만큼 인생 설계도 모두 다르고 다양할 것입니다. 그러나 어떤 인생을 살아왔든 누구나 생의 마지막 순간 죽음에 이르기까지 수주에서 수개월 동안의 과정은 거의 비슷하기에 죽음의 설계는 크게 다를 것이 없습니다.

죽음을 예감하는 말기 환자가 자신의 의지에 따라 몸을 제어하지 못하고 타인에 의지해 자신의 행동을 대신해야 하는 순간이 오면 이제 인생 설계라는 시계는 멈춘 것이라 생각해 낙담할 수 있습니다. 그러나 인생 설계의 아름다운 종착점은 현명한 죽음의 설계에서 비로소 완성될 수 있습니다.

　현명한 죽음의 설계를 위해서는 제일 먼저 환자 스스로 마음의 준비를 하는 것이 필요합니다. 주변에서 아무리 그럴듯하게 이야기를 해도 죽음을 맞이해야만 하는 당사자는 모든 것이 혼란스럽고 와닿지 않을 것입니다. 그러나 삶의 의미에 대해 풀리지 않는 무수한 질문과 더불어 화나고 분한 생각에만 계속 휩싸인다면 잘못된 판단과 사고에서 벗어나기 어려울 수 있습니다.

　신체적 질병을 정신적, 정서적, 영적 차원에서 다스리기란 결코 쉬운 일이 아닙니다. 그러나 정신에 의해 육체를 통제해야 하는 인간 본연의 실체에 비추어 본다면 결국 마음으로부터 현실을 수용하고 평온을 찾으려는 노력이 현명한 죽음의 설계를 위한 시작이 됩니다. 필요하다면 명상이나 기도 혹은 자연, 음악 등의 도움을 받을 수도 있습니다.

　죽음이 임박했다는 것은 육체적 문제뿐 아니라 정신적,

사회적, 영적 등 다양한 문제로부터 고통을 받을 수 있다는 것을 의미합니다. 이제 모든 것이 불확실해진 상황에서 자신과 끊임없는 싸움을 시작해야 하지만 여러 불안 요소를 혼자 해결해 나가는 것은 한계가 있습니다.

현명한 죽음의 설계를 위해서는 가족, 친지, 의료진, 전문가 등 모든 구성원의 긴밀한 협조와 도움이 필요합니다. 더 이상 다른 사람들에게 초라하거나 성가시게 보이지 않기 위해 혼자 고민하거나 해결하려 하지 말고 언제나 대화하고 도움을 요청하는 것을 주저하지 말아야 합니다. 또한 가족, 의료진을 포함한 주변 모든 사람은 환자의 말을 경청하고, 기꺼이 대화하고, 도움을 주려는 마음가짐을 가지고 있어야 합니다.

말기 환자 가족과 주변인들은 죽음에 대한 논의나 대화가 자칫 환자의 불안과 두려움을 가중하고 희망을 저버리는 것으로 생각해 의도적으로 피하는 경우가 많습니다. 동양적 관념에서 죽음에 대한 언급이 금기시되다 보니 다른 누군가가 언급해주기 바라면서

서로 회피하다 보면 자칫 기회를 잃을 수도 있습니다. 하지만 그러한 염려와 달리 말기 환자 대부분은 인생의 마지막을 현명하게 대처하고 준비하려는 열망이 강합니다. 올바른 죽음의 설계를 위해서는 죽음 하면 떠오르는 두려움, 슬픔, 고통 같은 부정적 감정에서 벗어나 솔직하게 대화하고 서로 협조하는 것이 필요합니다.

현명한 죽음의 설계를 위한 또 다른 중요한 주제는 정직입니다. 죽음에 대한 공포와 불안은 누구라도 쉽게 이겨내기 어렵습니다. 그래서 죽음이 임박한 환자의 경우 정도의 차이는 있지만 비관적일 수밖에 없습니다. 흔히 가족이나 주변인 심지어 의료진까지도 낙관적으로 이야기함으로써 환자의 마음을 돌리려 합니다. 그러나 현명하게 무언가를 설계하기 위해 가장 중요한 것은 현재 처한 상황을 정직하게 마주하는 것입니다.

정직하고자 하는 용기는 환자 본인은 물론이고 가족이나 의료진 모두에게 필요합니다. 무조건

침묵하거나 "걱정하지 마라. 모든 게 다 잘 될 거다" 식의
정직하지 못한 표현은 결코 올바른 대응이 아닙니다.
환자, 가족, 의료진 사이에서는 공개적이고 정직한
대화만이 필요합니다.

이제 현명한 죽음의 설계를 위해 구체적으로 기본적인
준비와 최종 실행에 대해 살펴보려 합니다. 준비 과정은
대략 세 가지로 요약할 수 있습니다.

첫째, 본인의 질병에 관한 것입니다. 질병의 현재
상태와 앞으로 예상되는 상황에 대해 환자 스스로
가능한 많이 그리고 정확히 알고 있어야 합니다. 궁금한
점이나 도움이 필요한 부분에 대해서는 늘 의료진에게
묻고 상의할 수 있어야 합니다. 자신의 증상, 복용 약물,
증상의 심각 정도, 약물에 대한 반응 등을 기록했다가
의료진에게 묻고 상의함으로써 질병의 진행 상황에
따른 의료진의 결정에 참여할 수 있도록 해야 합니다.
의료진을 성가시게 하는 것은 아닐는지 하는 우려에
질병에 대해 궁금하더라도 침묵해서는 안 됩니다. 반대로

의료진의 경우 환자가 질병에 대한 이해도가 떨어진다고 단정해 치료 결정에 대한 논의 대상에서 제외해서는 안 됩니다.

둘째, 환자 본인에 관한 것으로 가족, 친지를 포함한 주변인들과 이제껏 풀지 못한 개인적 오해와 문제가 있다면 직접 만나거나 편지, 전화 등을 통해 충분히 대화하고 풀어나갈 수 있도록 합니다. 죽음에 대한 막연한 두려움, 슬픔, 고통 같은 부정적 감정에 휩싸이지 말고 즐거웠던 순간을 회상하도록 합니다. 분명 어려운 일이지만 자신을 통제하면서 마음의 평화를 지키기 위해 노력해보아야 합니다. 이제 와서 다 무슨 소용이냐는 부정적 생각을 버리고 필요하다면 도움을 받아 명상을 하면서 마음을 스스로 챙기려는 노력이 필요합니다. 자신의 삶에 대해 가족과 지인에게 남기고 싶거나 들려주고 싶은 것들이 있다면 글로 쓰거나 녹음을 해 메시지를 남기는 것도 좋을 것입니다.

셋째, 가족에 관한 것으로 법률 및 재정적 문제에 대해서는 유언장 형식을 통해 정리합니다. 필요한 경우 주변의 도움이나 전문가의 자문을 받도록 합니다. 병세가 악화되어 스스로 결정할 능력을 잃었을 때 자신을 대신해 재정적, 개인적 결정을 해줄 위임자를 미리 정하는 것이 필요할 수도 있습니다. 유언장은 상속할 재산이 있는 사람에게만 해당하는 것으로 생각할 수 있으나 재산과 관련한 법적 유언장 형식이 아니더라도 가족들에게 남기고 싶은 말을 자필이나 녹음 형태로 남기는 것이 좋습니다. 아직 어린 손주가 있을 경우 미래에 있을 결혼식 때 개봉하게끔 들려주고 싶은 내용을 남기는 경우도 있습니다.

현명한 죽음의 설계를 위한 준비 과정 이후에는 임박한 죽음에 대비한 상황별 실행 과정을 통해 죽음의 설계를 완성할 수 있습니다. 실행 과정에는 연명 의료 중단 여부, 죽음을 맞이하고 싶은 장소, 원하는 장례 형식 등이 포함될 수 있습니다.

실행 과정 중에 가장 중요한 것은 호스피스 완화 치료를 포함한 모든 조치를 언제, 어떻게 종결할지에 대한 것입니다. 말기 환자는 원인 질환과 여러 합병증이 누적되고 악화해 급기야 의식을 잃고 신체 모든 장기의 기능이 중단될 상황일 때 더 이상의 호스피스 완화 치료조차 의미가 없다고 판단되면 담당 주치의를 포함한 의료진과 가족들은 모든 치료를 종결할 수 있습니다. 이러한 결정이 원활하게 이루어지고 환자의 평소 의견이 존중받기 위해서는 사전 연명 의료 의향서와 연명 의료 계획서의 사전 작성 여부가 매우 중요합니다.

현재 한국의 연명 의료 결정법은 사전에 환자가 거부 의사를 문서화할 수 있는 의학적 시술로 심폐 소생술, 인공호흡기 착용, 혈액 투석, 항암제 투여의 네 가지로 한정해 규정하고 있습니다. 연명 의료 중단에 대한 논의와 법제화가 오래전부터 진행된 다른 나라에서는 특정한 의학적 치료에 대해 동의 여부를 명시하는 지침적 지시서와 함께 개별 치료에 대해 동의 여부를 결정하기보다 전반적인 건강 관리에서 어떤 것을 선호하고 가치를 둔다는 '가치적 지시서'를 같이 작성합니다. 전반적으로 평소 원하던 말기 치료에서 어느 부분에 가치를 두고 있는지에 대해 문서로 남겨놓으면 환자가 의식을 잃거나 의사를 표현하지 못하는 상황에서 참고 자료가 될 수 있습니다.

외국에서는 환자 스스로 의사 표현을 할 수 없을 때 환자를 대신해 치료에 동의하거나 거부할 권리가 있고 치료에 관해 담당 의료진과 상의할 수 있는 법적 권한을 부여받은 의학적 치료 결정권자♦를 사전에 임명할 수 있도록 법제화하고 있습니다. 환자가 사전에 명확하게 의사를 표현하지 못했거나 문서화가 되어 있지 않은 상태에서 임종 직전의 연명 치료에 대해 가족 간의 의견 불일치나 불화로 법적 문제가 발생할 수도 있기에 한국에서도 의학적 치료 결정권자 임명을 법제화하는 것이 필요할 것으로 보입니다.

죽음의 순간을 어떻게 맞이하기를 원하는지도 죽음 설계의 한 부분이기 때문에 이를 알리는 데 주저하지

♦
환자가 정상적인 판단
능력을 잃거나 의식이
불분명할 때 치료에 대해
결정할 권한을 부여받은 자.

말아야 합니다. 어떤 장소에서, 어떤 옷을 입고, 어떤 사람들에 둘러싸여 맞이하고 싶은지 등의 구체적인 내용이면 좋습니다. 마지막 순간에 반려동물이 곁을 지켜주면 좋겠다는 등 세세한 희망 사항은 달라질 수 있습니다. 희망 사항을 미리 가족에게 알리는 것이 필요한 이유는 평생을 함께한 가족이나 친지도 자신의 속마음이나 소원을 낱낱이 알기는 어렵기 때문입니다. 사전에 자신의 생각을 공유함으로써 죽은 자와 남은 자 사이의 간극을 줄이고 서로 마음의 부담을 줄일 수 있습니다.

물론 이러한 희망 사항은 현실성이 있어야 하고 주변 사정에 따라 실행되지 않을 수 있습니다. 그렇다고 해도 본인의 의견이나 소망을 주변에 알리는 것에 인색할 필요는 없습니다. 가족을 포함한 주변인은 이러한 소망을 진지하게 경청하고 최대한 수용하겠다는 태도를 가져야 합니다.

누군가의 죽음 이후에는 장례와 관련한 많은 결정이

짧은 시간 안에 내려져야 합니다. 죽음을 앞둔 사람에게 원하는 장례 절차를 묻는 것을 결례나 불경스러운 것으로 생각할 수 있어 현실적으로는 묻기 어려울 수밖에 없습니다. 죽음 이후의 모든 것을 남겨진 사람들의 몫으로 하기보다 자신의 의사를 전달하고 가족들과 상의하는 것은 오히려 그들의 짐을 덜어주는 것입니다.

매장이나 화장 중 어느 것을 원하는지 먼저 결정해야 합니다. 매장을 원할 경우 개인, 가족, 종중, 공원 묘지 중에서 선택하고 화장을 원할 경우 분골을 봉안 시설이나 자연장 중 어느 형태로 안치할지도 선택해야 합니다. 장례는 가족과 친한 지인만 모여 비공개로 할지 혹은 공개적으로 할지, 천주교나 기독교 또는 불교 등 종교적으로 할지, 묘비에 들어가야 할 특별한 문구 등도 결정할 것에 포함됩니다. 부고를 알렸으면 하는 사람들의 명단을 알려주는 것 또한 필요합니다.

죽음을 직면해 더 이상의 삶을 온전히 통제하기 어려워지면 감정적으로 포기 상태가 되어 성급하게 결정할 수 있습니다. 지금은 죽음이 멀게 느껴지더라도 성인이 되거나 노년기에 접어들면 잠시나마 죽음에 대한 생각을 정리하는 시간을 가져 보는 것이 좋습니다. 이러한 죽음 설계에 대한 생각의 훈련을 통해 죽음을 맞이하는 순간에 감정을 적절히 통제하고 이성적으로 상황을 판단할 수 있게 됩니다. 최근에는 대학에서 죽음학을 강의할 정도로 죽음은 더 이상 금기어가 아닌, 누구나 올바르게 이해해야 할 삶의 일부로 인식되고 있습니다. 성급한 감정적 반응을 자제하고 주변에서 선함과 아름다움을 찾으면서 평온하고 품위 있게, 보다 이성적으로 죽음에 다가가는 것이 현명한 죽음 설계가 될 것입니다.

어렸을 때 시험공부 계획, 방학 계획 등 여러 계획을 세워봤을 것입니다. 어쩌면 우리 인생은 계획과 실행의 연속이라고도 할 수 있습니다. 그러한 인생의 여러 계획은 그대로 지켜지기보다 다양한 돌발 변수 때문에 달성하기 힘들다는 것을 알아가게 됩니다. 인생을 살면서

계획을 달성해 느끼는 기쁨보다는 계획대로 잘 되지 않아
느끼는 불안이나 실망을 훨씬 많이 느껴왔을 것입니다.
그러나 죽음 설계는 인생을 설계하는 것만큼 다양하고
복잡하지 않으며 돌발 변수가 많지 않습니다. 따라서
죽음 설계는 본인의 의지에 따라 얼마든지 충실히 실행
가능하며 계획을 달성하기도 수월합니다. 이제까지의
인생 설계의 실패 경험으로 죽음 설계마저 포기하는
실수를 범해서는 안 될 것입니다.

둘이서 갈 수도
셋이서 갈 수도 있지만
맨 마지막 한 걸음은
자기 혼자서 걷지 않으면 안 된다.

— 헤르만 카를 헤세(소설가, 시인) —

성직자의 헌신과 환대를 의미하는 호스피탤리티(hospitality)에서 유래한 호스피스(hospice)는 환자, 여행자, 고아, 노인, 행려자 등 간호와 돌봄이 필요한 모든 이들을 수용하는 시설 전반을 일컫는 말이었습니다. 호스피스는 1960년대에 이르러 시설의 개념보다는 환자의 신체적 측면뿐만 아니라 정신적, 사회적, 영적 부분까지 총체적 고통을 돌보는 철학적 개념으로 발전하게 됩니다.

1980년대에 들어 호스피스의 정신을 공유하면서 질병의 완치보다 질병에 따른 증상 완화에 목적을 두는 완화 의료 개념이 도입되었습니다. 기존 의학이 질병을 중심으로 완치에 대한 의학적 측면만을 강조한다면 완화 의료에서는 의학적 측면뿐 아니라 정신적, 사회적, 영적 접근을 통해 환자의 증상 완화에 집중합니다. 완화 의료에서는 의료인뿐 아니라 사회복지사, 재활·음악·미술 등의 치료사, 성직자, 자원봉사자 및 환자 가족이 모두 참여해 체계적이고 유기적으로 환자에게 돌봄을 제공합니다.

한국에서는 2016년에 연명 의료 결정법이

제정되어 호스피스 완화 의료에 대한 법률적 근거가
마련되었습니다. 이 법에서는 "적극적 치료에도 불구하고
근원적으로 회복할 가능성이 없어 사망이 예상되는
말기 환자와 그 가족에게 통증 등의 증상 완화 등을
포함한 신체적, 심리 사회적, 영적 치료를 목적으로
하는 모든 총체적 돌봄"으로 호스피스 완화 의료를
정의하고 있습니다. 호스피스와 완화 의료를 따로
구별해 용어 해석을 달리하지 않고 있고, 일반인에게는
완화 의료보다는 호스피스가 보다 친숙한 용어여서
호스피스라는 용어만 사용해도 대략적인 의미 전달은
가능할 것이라고 생각됩니다. 다만 호스피스는 총체적
개념이고 완화 의료는 치료와 돌봄에 집중한 구체적
개념이라고 보면 될 것입니다.

2000년대 초반까지는 호스피스 대상자를 기대
여명이 6개월 미만인 말기 환자로 정했으나 2010년
이후에는 기대 여명과 상관없이 암 또는 치유 불가능한
질병으로 진단받은 이후부터 시작되어야 한다는 의견이

많습니다. 이는 암이나 불치병 환자의 경우 신체적 고통 외에 두려움과 우울 같은 심리적 고통과 실존적 가치 혼란을 포함한 영적 고통도 겪을 수 있어 질병 치료에 대한 의료진의 노력 외에 여러 총체적 돌봄이 필요하기 때문입니다.

국내에서는 질환의 진행상 삶이 제한적이라는 것을 인지하게 되는 기간인 사망 전 생애 말기 1~2년 동안의 돌봄을 의미하는 생애 말기 돌봄을 호스피스로 받아들이는 경우가 많고 그 기간도 임종 전 6개월 이내로 축소하여 이해하고 있는 경우가 많습니다.

호스피스는 증상의 조절 및 정신적 지지를 통한 삶의 질 향상에 집중하고 있어서 대부분 고통이나 불편 없이 평온한 죽음을 맞이하기 위한 신체적인 돌봄에 집중합니다. 호스피스의 신체적 돌봄에서 가장 중요한 것은 통증 관리입니다. 조직 손상에 따른 불쾌한 감각인 통증은 피로, 우울, 분노, 스트레스를 유발하거나 악화할 수 있고 환자 자신은 물론이고 가족까지 삶의 질을 심각하게 훼손할 수 있기에 극복해야 할 가장 중요한 증상입니다. 특히 암 조직이 자라면서 주위 조직을 손상하거나 신경을 자극해 유발되는 암성 통증은 말기 암 환자의 호스피스 과정 중 가장 두려운 존재이기도 합니다.

암으로 인한 통증을 의미하는 암성 통증은 말기 암 환자의 80퍼센트 정도에서 나타납니다. 세계 보건 기구에서 제안하는 암성 통증 치료의 목표는 수면이 통증으로 방해받지 않아야 하며 안정을 취할 때나 몸을 움직일 때도 통증으로 불편을 느끼지 않도록 하는 것입니다.

암성 통증의 관리 방법은 지속적으로 개발되고 있어 현재 이론상으로는 암성 통증의 90퍼센트 이상은 조절 가능한 것으로 알려져 있습니다. 그러나 암성 통증을 겪는 환자의 50퍼센트 정도만 통증 조절에 만족하고 있습니다. 이는 의료진, 환자, 환자의 가족 사이에 통증 조절에 대한 소통이 원활하지 않아 발생하는 것으로 암성 통증에 대한 전반적 이해와 통증의 표현과 기록, 약물 치료와 약물 이외의 통증 치료 방법에 대한 내용을 포함하는 프로그램이 실행되어야 하고 정보를 공유하는 것도 필요합니다.

　원활한 통증 관리를 위해서는 통증을 느끼는 환자가 증상 정도와 통증 치료 전후의 변화 등에 대해 의료진에게 정확히 표현해야 합니다. 하지만 많은 환자들은 통증을 호소하면 의사의 주위를 흐트러뜨려 암 치료에 집중할 수 없도록 만들지 않을까 하는 우려를 합니다. 또한 통증을 호소하지 않는 환자가 좋은 환자라는 잘못된 인식 등으로 인해 통증에 대한 정확한 표현을 하지 않으려 할 수도 있습니다. 통증이 심해지는 것은 암이 진행 중인 것이기에 본인의 질병이 악화하는 것을 인정하고 싶지 않은 마음이 작용하는 것일 수 있습니다. 통증을 암 환자로서 피할 수 없는 운명으로 받아들이려는 태도 등도 부정확한 표현을 하게 되는 원인이 될 수 있습니다. 이처럼 잘못된 생각은 통증

조절에 전혀 도움이 되지 않는다는 것을 교육을 통해
환자에게 알려주어야 할 필요가 있습니다.

　호스피스 통증 관리에는 기본적으로 진통제가
사용됩니다. 필요에 따라서는 항우울제, 항경련제,
스테로이드 등이 함께 사용되기도 합니다. 진통제는
타이레놀 같은 일반 진통제부터 모르핀 같은 마약성
진통제까지 다양하게 사용됩니다.

　진통제 사용은 의료진이 정한 치료 방침에 따라
단계별로 사용되지만, 진통제에 대한 환자의 오해가
통증 관리를 더욱 어렵게 할 수 있습니다. 환자들은
진통제에 중독될 것을 염려해 거부하거나 참을 수 없을
정도의 통증에서만 불규칙적으로 사용할 것을 원할 수도
있습니다. 하지만 마약성 진통제 사용에 따른 중독은 만
명당 한 명 정도로 매우 드물게 발생해 염려할 수준은
전혀 아닙니다. 또한 진통제는 정해진 시간에 적절한
용량을 규칙적으로 투여함으로서 일정한 수준의 약물
농도를 유지하는 것이 가장 효과적인 방법이기도 합니다.

정기적 약물 복용으로 통증을 미리 예방하여 환자가 항상 편안한 상태를 유지하도록 함이 치료의 기본 원칙이기 때문입니다.

때로는 진통제 사용으로 인한 변비, 오심, 졸림 등 부작용을 염려해 진통제 사용을 꺼리는 경우도 있습니다. 이러한 부작용은 일정 시간이 지나면 저절로 사라지거나 증상별 약제를 사용하면 치료 가능하므로 억지로 통증을 참으면서 진통제 사용을 거부하려는 것은 어리석은 행동이라는 점을 알아야 합니다.

초기부터 진통제를 사용하면 내성이 생겨 정작 통증이 심해졌을 때 효과가 없을 것이라는 잘못된 인식 때문에 후에 통증이 심해졌을 때를 대비해 진통제 사용을 아끼려 하기도 합니다. 이 때문에 통증이 심해져 진통제 투여량을 늘려야 할 때에도 이러한 이유로 증량을 거부하는 환자가 있을 수 있습니다. 하지만 모르핀은 유효 한계가 없어 염려할 필요는 없습니다.

진통제는 주사로만 투여된다고 오해해 주사에 대한

두려움 때문에 통증을 참는 환자도 있습니다. 진통제 사용의 기본 원칙은 가능한 한 경구 투여여서 이러한 염려는 하지 않는 것이 좋습니다. 최근에는 피부에 부착하는 패치 타입 진통제도 사용되고 있습니다.

최근에는 통증에 대한 약물 치료 외에도 마사지, 명상, 운동 요법, 정신적 상담, 신경 차단술, 방사선 치료 등 다양한 방법도 적용되고 있어 통증에 대한 지속적인 관찰과 함께 의료진, 환자, 가족 간의 원활한 통증 관련 상담과 정보 교환으로 두려움을 이겨낼 수 있을 것입니다.

통증 외에도 호스피스에서 신체적 돌봄이 필요한 10대 주요 증상으로는 오심과 구토, 변비와 설사, 배뇨 곤란, 호흡 곤란, 기침, 우울, 착란, 욕창, 식욕 부진, 전신 쇠약이 있습니다. 이 증상을 포함한 기타 증상에 대해서는 의료진을 포함한 호스피스 참여 그룹의 치료와 돌봄을 통해 충분히 완화시켜 나갈 수 있습니다.

현재 우리나라에서는 말기 환자를 위한 호스피스에

대해 건강 보험이 적용되어 환자의 부담이 크게 줄었습니다. 건강 보험이 적용되는 질환은 말기의 암, 만성 폐쇄성 호흡기 질환, 후천성 면역 결핍증, 만성 간경화로 정하고 있습니다.

호스피스는 형태에 따라 보건복지부가 지정한 호스피스 완화 의료 전문 기관에 입원하는 입원형 호스피스, 일반 병동의 외래에서 이루어지는 자문형 호스피스, 호스피스팀이 환자의 가정을 방문해 이루어지는 가정형 호스피스로 나뉩니다. 입원형 호스피스는 담당 의료진과 상의 후 적합한 호스피스 완화 의료 전문 기관을 선택해 해당 기관을 방문하면 담당 의사가 환자를 진료한 후 입원 여부를 결정하게 됩니다. 입원형 호스피스의 경우 현재는 말기 암 환자만 이용 가능합니다.

국내 호스피스 관련 정책을 총괄하고 있는 국립암센터의 자료를 보면 암으로 인한 사망자 중 호스피스 이용률은 2016년 17.5%에서 2019년 24.3%로 매년 증가하고 있습니다. 그러나 미국과 비교하면 아직

절반 수준에 그치고 있습니다.

국내 암 사망자 유족들의 호스피스 기관 만족도는 97%로 일반 의료기관의 69%보다 현격히 높아 향후 호스피스 이용률은 크게 확대될 것으로 전망됩니다.

호스피스는 치료의 포기나 절망을 의미하지 않습니다. 호스피스는 차분하고 품위 있게 생을 정리하려는 의지의 표현이자 이를 실현하기 위해 주변 모든 이들의 협조와 도움으로 이루어내는 희망의 의미라는 것을 기억해야 합니다.

우리는 태어나자마자 죽기 시작하고,
그 끝은 시작과 연결되어 있다.

— 마르쿠스 마닐리우스(시인) —

현대화, 산업화 과정 중에 소외되었던 인간 본연의 삶을 되찾으려는 움직임이 일어나면서 2000년대 들어 웰빙이라는 키워드가 자주 등장하게 되었습니다. 웰빙이라는 말의 본 의미는 인간 스스로 만족할 만한 행복과 평온을 느끼기 위한 건강한 육체와 정신의 조화라고 할 수 있습니다.

2016년에 제정된 연명 의료 결정법은 웰빙의 대척점에 자리한 이 법안의 올바른 의미 전달을 위해 웰다잉법이라고 불립니다. 연명 의료 결정법이 웰다잉법으로 통용되면서 존엄사만을 의미하는 것으로 이해될 수도 있지만 진정한 웰다잉의 의미는 존엄사를 포함해 죽음을 앞둔 생의 마지막 순간을 올바르게 정리하고 죽음에 순응하는 일련의 모든 과정을 뜻한다고 할 수 있습니다.

인간적, 사회적 관계가 복잡해진 현대 사회에서는 자신만의 노력과 생각만으로 웰다잉을 실행하기 어렵습니다. 제도적으로는 병원이나 요양 시설의 유기적

협조와 원활한 호스피스 완화 의료 서비스 제공이 필요하고, 사회적으로는 죽음에 대한 교육과 상담이 준비되어야 합니다. 개인적으로는 죽음에 대한 이해와 준비, 자기 결정권 구현, 정신적 평안, 신체적 안정, 원하는 장례 준비 등이 웰다잉을 위해 선행되어야 할 과제들입니다.

구체적인 웰다잉 실행을 위해서는 평소 자신의 생각을 정리해 가족이나 지인들과 의견을 교환하고 필요한 경우 문서화해 보관하는 것이 좋습니다. 웰다잉을 위한 실행 방안을 여섯 가지로 세분화해 정리해보겠습니다.

첫째는 법적인 사항에 관련한 것으로 유산에 대한 유언장을 작성하고 필요한 경우 법률적 자문을 받는 것이 좋습니다.

둘째는 재정적인 고려로 질병, 간병, 사망 관련 보험이 있다면 정리해 정보를 공유하고 장례 비용이나 남겨진 부양 가족에 대한 재정적 지원 방안도 세워 놓습니다.

셋째는 죽음과 직접적으로 관련된 사항을 결정하는 것으로 말기에 받고 싶은 돌봄의 유형, 원하는 임종 장소, 연명 치료에 대한 결정 등이 있습니다.

넷째는 남기고 갈 것들에 대한 것으로 어떻게 기억되고 싶은지, 가족이나 주위 친지들에게 알려야 하는 것은 있는지 등을 정리합니다. 여기에는 남겨질 사랑하는 사람들을 위해 이들의 생일이나 결혼 때 전해질 수 있도록 편지나 영상 등을 미리 만들어 보관하는 것도 포함됩니다.

다섯째는 장례에 관한 것으로 대표적으로 원하는 장례 형식이 포함됩니다. 예를 들면 매장, 화장, 수목장 등의 방법 중 선택할 수 있고 종교 의식에 따른 장례 여부 등을 결정하게 됩니다.

마지막으로는 남겨진 가족이 자신의 사망과 관련해 도움이나 조언이 필요한 경우 또는 법률 및 재정적 문제가 발생했을 때 누구와 의논하거나 협조를 구할지 등의 내용을 남깁니다.

이외에 장기 기증이나 조직 기증, 사체 기증 의사가

있다면 가족에게 미리 알리고 협의해 문서로 확정하는
과정도 필요합니다.

평온하고 차분하게 죽음을 맞이하려는 웰다잉의
근본 취지에 가장 부합하는 모습은 오랜 기간 살아온
자신의 집에서 익숙한 침대에 누워 가족이 모두 모인
가운데 생을 마감하는 홈다잉이 될 수 있을 것입니다.
실제로 한국호스피스완화의료학회가 말기 암 환자들을
대상으로 실시한 설문 조사의 결과를 보면 응답자의 약
80퍼센트는 생의 마지막 기간을 가정에서 보내고 싶어
했습니다. 또한 건강보험정책연구원이 일반 국민을
대상으로 희망하는 임종 장소에 대해 설문 조사를
실시한 결과 자택이 57퍼센트로 가장 높게 나타났고
그 다음으로는 호스피스 기관(20퍼센트), 병원(16퍼센트),
요양원(5퍼센트) 순이었습니다.

예전부터 우리나라는 집 밖에서 사망하는 것을 객사로
여겨 오랫동안 기피했고 가장 편안한 공간인 집에서

죽음을 맞이하는 것을 당연하게 여겼습니다. 2000년대 이전만 해도 말기 환자의 경우 병원에서 사망하는 것조차 객사로 여겨 임종 직전에는 보호자들의 요청이 있을 경우 집으로 퇴원하는 것이 묵인되기도 했습니다. 실제로 1991년 통계 자료에서도 가정에서 사망하는 경우가 75퍼센트, 병원에서 사망하는 경우가 15퍼센트로 나타나고 있습니다. 그러나 30여 년이 지나는 동안 이 둘의 수치는 역전되어 가정 사망은 14퍼센트에 불과해졌고 76퍼센트가 병원 등 의료 기관에서 사망하는 것으로 나타나고 있습니다. 특히 65세 이상 노인의 경우 6퍼센트 정도만 가정에서 사망하고 81퍼센트는 의료 기관에서 죽음을 맞이하고 있습니다. 사망 장소 중 의료 기관이 차지하는 비율은 미국이 9퍼센트, 영국이 54퍼센트인 것과 비교했을 때 상대적으로 높은 수준입니다. 한때 70퍼센트 정도에 이르렀던 이 국가들의 의료 기관 사망률도 지속적인 제도 개선으로 현재 수준까지 낮출 수 있었다는 점을 참고할 필요가 있습니다.

편의와 효율을 중시하고 핵가족화, 도시화 되어가는 현대 사회에서 집에서 죽음을 맞이하는 것은 점차 사라지고 병원이나 요양원 등에서 생의 마지막 시간을 보내는 것이 보편화되고 있는 추세입니다. 집에서 장례를 치르는 것은 이제 시골에서조차 보기 어려운 광경이 되었고 대부분은 장례식장을 이용하고 있습니다. 이제 집에서 죽음을 맞이하고 싶다는 희망은 사치가 되었고 가족을 염두에 두지 않는 이기적인 생각으로 취급을 받는 시대가 되었습니다. 그러나 조금은 극단적으로 표현하자면 사방이 하얀 벽으로 둘러싸인 낯선 침대에서 온갖 의료 기기를 매단 채 맞이하는 죽음이 과연 원하던 모습이었을까 싶습니다. 홈다잉을 진정으로 원하지만 차마 말할 수 없는, 죽음을 앞둔 이들의 희망을 가족이나 사회가 이루어줄 방법은 없을지 생각해보아야 합니다.

집에서 편안한 죽음을 맞이하는 홈다잉이 실현되기 위해서는 집에서도 치료, 간호, 돌봄을 받을 수 있는 가정 호스피스가 필수적입니다. 가정형 호스피스는 의사, 간호사, 사회복지사가 주기적으로 방문하게 됩니다. 필요한 경우 성직자, 자원 봉사자, 요법 치료사 등이 연계되어 함께 방문하기도 합니다. 환자의 상태나 가족의 희망 사항 등을 고려해 가정에서의 돌봄 계획을 협의하고 조정하며 간호, 처치, 진료, 처방, 심리 치료 등이 실시됩니다. 또한 환자와 가족에 대해 증상 관리 방법이나 대처 방법, 투약, 의료 장비 사용 등을 교육하고 상담하며 필요할 경우 호스피스 병동 입원을 연계해주기도 합니다.

가정형 호스피스는 집에서 사망할 경우를 염두에 두고 호스피스 팀이 가족에게 임종 시 나타날 수 있는 증상, 준비 사항, 이동, 시체 검안서 등에 대해 안내하고 교육합니다. 그리고 죽음을 목격할 경우 겪을 수 있는 두려움이나 어려움을 고려해 호스피스 의료진이 마지막 순간에 함께하기도 합니다.

가정형 호스피스를 이용했던 말기 환자의 가정 사망률은 21퍼센트로 다른 경우와 비교했을 때 상대적으로 높았습니다. 이 결과는 가정 호스피스가 홈다잉으로 연계됨을 보여주는 수치라고 할 수 있습니다.

가정형 호스피스는 말기 환자의 호스피스 치료 장소에 대한 선택권 보장 차원에서 시작되었습니다. 그동안 시범적으로 운영되던 가정형 호스피스가 2020년 9월부터 본 사업으로 전환된 것은 크게 반길만합니다. 이제 가정형 호스피스도 국민 건강 보험 혜택을 누릴 수 있게 되었습니다. 하지만 보건복지부에 등록된 가정형 호스피스 전문 기관은 39곳뿐으로 턱없이 부족하다는 점은 아쉽습니다. 홈다잉이 현실화되기 위해서는 가정형 호스피스 전문 기관과 전문 인력의 지속적인 확대가 필요합니다.

또한 앞에서도 살펴보았듯 현재 호스피스 완화 의료는 말기 암, 후천성 면역 결핍증, 만성 폐쇄성 호흡기 질환, 만성 간경화 환자만을 대상으로 하고 있어 보다 다양한 질병의 사망 사례를 연구해 보편적으로 적용할 수 있도록 확대하는 방안도 고려해야 할 것입니다.

가정형 호스피스 확대에 걸림돌이 되는 중요한

요소 중 하나는 바로 간병과 관련한 부분입니다. 가족 중 누군가가 간병을 전담하게 될 경우 개인의 활동이 심각하게 침해를 받게 되어 이른바 간병 지옥이라는 자조 섞인 용어까지 등장하게 되었습니다. 간병을 도맡을 가족이 없거나 간병인을 고용하기에는 경제적 부담이 클 경우 가정형 호스피스는 현실적으로 불가능하다고 보아야 합니다.

간병에 따른 여러 어려움으로 가족 사이에 불화가 생기기도 하고, 환자가 원하지 않더라도 병원이나 요양 시설로 돌아갈 수밖에 없는 현실적 문제에 부딪히기도 합니다. 이러한 문제를 제도적으로 해결하기 위해 출산 육아 휴직과 마찬가지로 임종 전 간병이 필요한 가족을 위한 간병 휴직을 법적으로 보장하는 방안도 마련되었으면 합니다.

통계 자료에 따르면 말기 환자의 사망 전 특정 의료 기관 이용에 따른 의료비 지출은 평소 의료비 지출에 비해 5~7배 급증하는 것으로 나타납니다. 특히 암 환자의 경우 암으로 인한 전체 진료비의 약 3분의 1에 해당하는 비용이 임종 전 한 달 동안 지출되는 것으로 확인됩니다. 환자와 가족이 기존 치료 방식과 입원을 고수한다면 각종 검사나 약물 치료에 따른 의료 비용이 증가하게 되고 이는 사회적으로 볼 때 국민 건강 보험 재정에 부담으로 돌아올 수밖에 없습니다. 가정형 호스피스를 택한 환자의 경우 줄어드는 의료 비용만큼 일정 부분을 보전해주어 간병에 따른 재정적 부담을 덜어줄 방안도 고려해볼 필요가 있습니다.

웰빙의 한 축에 자연주의가 있다면 자연스럽고 인간적인 죽음을 표방하는 웰다잉도 그 연장선상에는 이제까지의 지나치게 형식적이고 떠들썩했던 장례 문화를 벗어난 새로운 이별 문화를 찾으려는 움직임이 존재합니다.

2000년대 들어 의료 기관에서 죽음을 맞이하는 것이 보편화되면서 질병을 치료하고 죽음으로부터 구제하는 것이 본연의 임무인 병원이 아이러니하게도 치료에 실패한 망자를 유치하는 장례 산업에 치중하게 되면서 이것이 병원 비즈니스의 큰 축이 되었습니다. 대형 병원들은 장례 산업이 성장함에 따라 더 많은 망자를 유치하기 위해 앞다투어 장례식장에 투자하고 있습니다. 또한 어느 병원에서, 얼마나 큰 장례식장에서 장례를 치르느냐가 장례의 사회적 계급화를 낳고 있기도 합니다.

고인을 생전에 한 번도 본 적이 없는 이들이 단순히 고인 가족의 지인이라는 이유만으로 장례식장을 찾고 부조를 합니다. 심지어 장례식장을 직접 찾지 못하는 이들을 위한다는 이유로 부조를 받을 계좌 번호를 공지하기도 합니다. 고인을 추모하고 기억해야 할 장례식이 장례식장의 넓이와 빈소 앞에 놓인 화환 개수로 평가되어서는 안 될 것입니다.

형식적이고 상업화되어가는 장례를 벗어나려는 움직임도 보입니다. 평소 고인을 알았고 기억하는 가족과 가까운 지인들에게만 부고를 하고 가족 장례식 형태로 좀 더 진정성 있게 고인을 추모하고 기리는 작은 장례식이 늘고 있는 것입니다. 장례식은 죽음 이후 치러진다는 고정 관념에서 벗어나 죽음 이전에 소중한 기억을 추억하고 고마움을 전한다는 뜻에서 가족 그리고 가까운 지인을 초대해 '리빙 장례식'을 열기도 합니다. 죽음을 희화하지 않고, 그렇다고 지나치게 엄숙하지도 않은 분위기에서 치러지는 리빙 장례식은 죽음을 건강하게, 운명적으로 수용하겠다는 또 다른 표현이기도 합니다.

연명 의료 결정법은 그 목적을 인간으로서의 존엄과 가치를 보호하는 것이라고 규정하고 있듯 더 나은 죽음, 마지막까지 존엄을 지키면서 평안한 죽음을 맞이하려는 의지와 노력이 웰다잉으로 마무리될 때 진정한 웰빙이 완성된다고 할 수 있습니다.

우리들은 죽음을 두려워하면서도
깊은 잠과 아름다운 꿈을 갈망한다.

— 칼릴 지브란(소설가, 시인, 화가) —

누구나 죽은 후에는 이 세상에 세 가지를 남기게 됩니다. 그것은 신체, 재산, 가족입니다. 죽음 이후에 자신의 신변을 확실히 정리하고자 하는 이들은 생전에 법률 전문가, 재정 전문가의 조언에 따라 유언장이나 신탁 동의서 등을 작성해 남겨진 재산의 정리와 가족에 대한 배려에 적극적으로 임하기도 합니다. 하지만 보다 근본적이고 현실적 문제일 수 있는 죽음 이후 자신의 신체에 대해 의견을 제시하고 결정하는 데에는 소극적이거나 의도적으로 회피하려는 경향이 있습니다.

죽음 이후 신체에 대한 것은 어떠한 형식이나 형태의 장사, 장례, 장묘를 선택하느냐의 문제로 집약할 수 있습니다. 남겨진 가족이 알아서 할 것이라고 생각한다거나 자신의 생각을 남기면 가족들을 성가시게 하는 것은 아닐는지 하는 마음에 스스로 판단하고 결정하지 않은 채 죽음을 맞이하게 된다면 오히려 남겨진 가족들에게는 불확실성이 당혹감과 부담으로 다가올 수도 있습니다.

망자가 살았던 집에서 가족들이 주도해 진행되었던
가정 장례는 전 세계 모든 국가에서 오랜 기간 이어져
내려온 관행이었습니다. 1970년대까지만 해도 시골은
물론이고 도시에서조차 가정집 대문 앞에 '근조(謹弔)'가
새겨진 조등을 밝히고 '상중(喪中)' 혹은 '기중(忌中)'이라
쓰인 종이를 대문에 붙여 놓은 집을 심심치 않게 볼
수 있었습니다. 이렇게 하면 누구나 이 집에서 장례를
치른다는 것을 알 수 있었습니다. 집에서 장례를 치르는
경우에는 집안 내 유경험자나 동네의 장의사를 불러
염습을 하고는 했습니다. 시간이 흐르면서 주거 환경은
단독 주택에서 아파트 같은 공동 주택 중심으로 바뀌었고
편의성과 간편함을 추구하는 세태의 변화에 따라 가정
장례는 점차 사라지고 이제는 장례식장에서 장례를
치르는 것이 보편화되었습니다.

　　현행법에 따르면 장례를 치르기 위해서는 필요한
서류가 있습니다. 병원 입원 중 사망한 경우 주치의가
발급한 사망 진단서가 있어야 하고, 병원 외의 장소에서
사망한 경우 사체를 구급차를 통해 병원 응급실로 이송해

의사로부터 발급받은 시체 검안서가 있어야만 장례가 가능하게 되어 있습니다. 최근 들어 병원에서는 죽음이 임박한 환자들만을 위한 일인용 병실을 따로 운영하기도 하고, 집에서 사망할 경우 발생할 수 있는 여러 번거로움을 피하기 위해 죽음이 임박한 환자나 노인을 서둘러 병원에 입원시키는 추세이기도 합니다. 이는 집 밖에서 사망하는 것을 객사로 여겨 꺼렸던 정서 때문에 죽음이 임박한 환자의 경우 서둘러 퇴원해 집에서 죽음을 맞이하게 했던 이전의 관행과는 정반대의 모습이라고 할 수 있습니다.

장례 산업의 부가가치와 규모가 커지면서 아이러니하게도 병원들은 앞다투어 죽음을 전제로 하는 부설 장례식장에 투자를 늘리면서 병원 장례식장은 점차 대형화, 고급화하고 있습니다. 이러한 추세는 장례식의 규모가 고인이나 가족의 사회적 지위를 보여준다는 사회적 통념이 크게 작용한 결과이기도 합니다. 대형 병원 장례식장에서 화려한 꽃 제단과 수많은 근조 화환에

둘러싸여 조문객이 끊이지 않아야 호상(好喪)이라 여기는
사회 통념의 변화가 필요한 시점입니다.

호상이라는 말의 본래 의미가 '복을 누리며 병치레
없이 오래 산 사람의 죽음'임을 생각해보면 그것은 살아
있을 때 누리는 것이지 죽어서 누리는 것이 아니라는
것을 되새겨보아야 합니다.


현실적으로 가정 장례에는 여러 어려움과 불편함이
뒤따를 수 있습니다. 그러나 가정 장례는 값으로 따질
수 없는 여러 고결한 의미를 내포하고 있어 어려움과
불편함을 감수하고서라도 이를 추구하기도 합니다.

가정 장례는 가족 장례의 의미이기도 하며 합법적
테두리 안에서 가족 중심의 장례 권리를 추구하려는
것입니다. 가정 장례를 통해 가족 구성원은 장례의 근본
취지인 추모에 집중하면서 사랑하는 사람을 위한 가장
의미 있고 아름다운 특별한 경험을 하게 될 것입니다.
또한 가정 장례는 장례 업계 주도의 보여주기식 장례
절차에서 벗어나 보다 경제적이면서도 친환경적 장례를

치를 수 있습니다.

가정 장례는 작은 장례를 의미하기도 합니다.
허례허식에 치우친 고비용 장례가 아닌 추모에 집중하는
검소한 장례입니다. 하지만 작은 장례를 남겨진 가족들이
결정한다는 것은 한국의 통념상 자칫 불효로 비추어질
수 있어 결정이 쉽지 않을 수 있습니다. 이 때문에 장례와
장묘에 대한 결정은 죽음을 앞둔 당사자가 스스로 해야
하며 본인의 생각을 가족에게 확실히 전달하고 알려야
합니다. 그렇게 되면 남겨진 가족들은 고인의 평소 뜻을
따르고 받들면서 불필요한 주변의 오해와 불편에서
자유로워질 수 있게 됩니다.


산업화, 도시화를 겪으면서 형식과 편의만 강조하다
보니 다소 소홀했던 가족과 환경에 대한 관심을
되찾으려는 움직임이 사회 전반에서 일어나고 있습니다.
장례 문화에 있어서도 그러한 변화의 움직임이 일고 있고
그 중심에 가정 장례가 있습니다.

오랫동안 전통적으로 이어져 내려왔던 가정 장례라는

선한 관습이 현대화 과정에서 사라지는 것은 안타까운 일입니다. 이전처럼 가족을 중심으로 추모에 집중하는 장례 방식으로 돌아가려는 움직임이 전 세계적으로 활발하게 진행되고 있습니다.

현재 미국 내 41개 주에서는 장례식장 이용이나 장례 전문가를 고용하지 않고 가족 스스로 장례를 치를 수 있습니다. 9개 주에서는 특정 부분에서만 장례 전문가를 고용하도록 하고 있어 가정 장례를 합법화하고 장려하고 있습니다. 미국에는 가정 장례를 치를 수 있도록 도와주는 여러 시민 단체나 공익 단체가 구성되어 있습니다. 또한 자세한 지침을 공개하고 온라인 화상 교육 등으로 유가족이 당황하지 않고 가정 장례를 치를 수 있도록 돕고 있기도 합니다. 미국의 전국가정장례연합(National Home Funeral Alliance, NHFA)에서는 가족의 죽음을 관리하고 책임지는 것은 가족 구성원의 특권이자 책임이라고 교육하고 있습니다.

한국에서는 장사 등에 관한 법률이 정착되기 전에는 시골에서 고령의 노약자가 사망할 경우 사망 진단서 없이 장례가 치러지는 경우도 많았고 망자의 집으로 동네 의사가 왕진을 와서 사망 진단서를 발급하는 경우도 많았습니다. 현재는 의사가 왕진을 와서 사망 진단서를 발급하는 것은 사라졌지만, 왕진을 통한 사망 진단서의 합법 여부에 대한 확실한 법적 해석은 아직 없는 상황입니다.

미국이나 캐나다에서는 가정에서 사망한 경우 고인 사망 전 마지막 3개월 내에 진료했던 가정의가 직접 방문해 사망 원인 의료 증명서(Medical Certificate of Cause of Death, MCCD)를 발급하고 가정 장례가 합법적으로 이루어지도록 법제화되어 있습니다.

우리의 경우에도 가정형 호스피스를 권장하고 그 범위를 확대하는 추세여서 가정형 호스피스가 가정 장례로까지 연결될 수 있도록 법적 보완이 필요한 시점입니다. 평소 고인을 진료했던 가까운 개업 의사나 보건소의 의사 혹은 가정형 호스피스에 관여했던 의사 등의 왕진을 통해 소정의 비용을 지불하고 사망 진단서를 발급받는 등의 절차가 합법적으로 진행될 수 있도록 보완된다면 가정 장례가 보다 원활히 진행될 수 있을 것입니다.

현재 시행 중인 사망자에 대한 사망 진단서나 시체 검안서 규정이 혹시나 있을지 모를 살인이나 기타 사고사를 가려내기 위한 것이라면 죽음이 예견되었던 사람과 죽음이 예견되지 않았던 사람으로 구분하여 다르게 처리하는 방식으로 법제화하는 방안도 고려해 볼 수 있습니다. 죽음이 예견되었던 사람인 말기 환자나 질병을 앓고 있던 고령 노인의 경우 시체 검안서 발급을 위해 경찰 신고와 구급차를 동원해 병원 응급실까지 이동하는 등의 번거로움으로 가정 장례의 의지가 꺾여서는 안 될 것입니다.

가정 장례를 진행하면서 겪게 되는 사랑하는 가족의 시신을 정리하는 과정은 결코 두렵거나 불쾌하지 않을 것이며 건강상 문제를 야기하지도 않습니다. 공중

보건학적으로 시체는 지극히 안전합니다. 시체 내에
병원체가 일부 남아 있더라도 숙주가 사망함에 따라
병원체도 더 이상 생존할 수 없게 됩니다. 또한 시체 부패
과정에 관여하는 미생물은 병원성이 아니기에 걱정하지
않아도 됩니다. 만약 주변 사람들의 건강상 위협이 될 수
있는 법정 전염병으로 사망했다 할지라도 전염병 관리
수칙에 따른 방침이 잘 규정되어 있습니다.

    가정 장례와 관련해 다음과 같은 몇 가지 주요 지침만
숙지한다면 전문가의 도움이 없어도 가족들만으로도
시신 정리가 가능합니다.
    우선 고인의 몸을 따뜻한 물수건으로 닦고 눈을
감도록 눈꺼풀을 조심스럽게 아래로 내립니다. 만약
여의치 않다면 쌀이나 흙처럼 약간의 무게를 줄 수 있는
물질을 작은 봉지에 담아 눈 위에 올려놓고 눈꺼풀이
닫힐 때까지 유지합니다. 솜으로 코, 입, 귀를 막아 오수의
누출이나 반대로 미물이 들어가지 않도록 합니다. 혹시
입이 닫히지 않는다면 넥타이, 붕대, 레이스 등으로 턱

아래부터 머리 위까지 매듭을 묶어 입이 닫힐 때까지
유지합니다. 팔과 다리는 조심히 매만져 가지런히
하고 손발이 굽지 않도록 곧게 펴줍니다. 손은 배 위에
가지런히 올려놓고 다리는 똑바로 모아 붕대로 묶습니다.
이후 수의나 고인이 원했던 의복을 입히고 고인을 모신
방은 가능한 차갑게 유지하는 것이 좋습니다.

　가정 장례는 작은 장례를 추구하므로 요란한 꽃
장식보다는 고인이 관리했거나 평소 좋아했던 마당이나
화분의 꽃 몇 송이면 충분합니다. 화장할 경우라면
고가의 수의나 관보다는 평소 고인이 즐겨 입거나 아꼈던
옷이면 충분합니다. 비용이나 환경을 생각해 골판지로
만든 관을 사용할 수도 있습니다.

　촬영은 장례에 집중하는 것을 방해한다고 여겨 좋지
않게 보는 시각도 있으나 참석하지 못한 가족이나 친지
혹은 미래의 후손에게 보여줄 수 있도록 과하지 않은
정도에서 사진이나 동영상으로 기록을 남기는 것은
의미가 있습니다.

한국에서는 전통적으로 삼일장이나 오일장으로 장례를 치르지만, 외국의 경우 특별한 사례를 제외하면 여러 날에 걸쳐 조문객을 받거나 부조를 받지 않습니다.

장사 등에 관한 법률에서는 사망 후 24시간 이내에 매장 또는 화장하지 못하도록 규정하고 있습니다. 다만 임신 7개월 이전에 사망한 태아, 최근의 코로나19 같은 감염병 확산을 방지하기 위해 긴급한 조치가 필요하다고 인정되는 시신, 장기 등 이식에 관한 법률에 따라 뇌사 판정 후 장기 등의 적출이 끝난 시신 등에 대해서는 예외적으로 24시간 이내에 매장 또는 화장을 할 수 있도록 하고 있습니다.

국내에서 가정 장례를 할 경우 시신 보존을 포함한 여러 현실적 문제로 삼일장이나 오일장을 하기 어려울 수 있습니다. 따라서 적절히 고인을 추모하는 데 필요한 시간을 고려해 합법적으로 가정 장례를 치르기 위해서는 사망 후 24시간이 지나면 매장이나 화장 등의 장묘 절차를 진행하는 방안도 생각해볼 수 있습니다.

현생 인류 이전의 네안데르탈인 시대부터 죽은 자를 묻는 관습이 존재했다는 기록이 보여주는 것처럼 인간의 의식 속에는 죽은 자에 대해 예(禮)를 갖춰야 한다는 인식이 강하게 이어져 내려오고 있습니다. 시대, 지역, 종교 등 여러 요인에 따라 전 세계 모든 국가에서는 나름의 장례 문화를 형성했으나 시신을 처리하는 과정은 대부분 땅 위에 두는 풍장(風葬), 땅속에 묻거나 돌 등으로 덮는 매장(埋葬), 불로 태우는 화장(火葬), 물속으로 흘려보내는 수장(水葬)의 범주에 포함되었습니다. 현대에 이르러 문명사회에 드러나지 않은 극소수의 폐쇄적 부족을 제외하면 일반적인 시신 처리 과정은 대부분 매장이나 화장 중 하나를 선택하는 양상으로 양분되었습니다.

한국의 대표적인 장례 문화는 조선 시대에 정착된 유교(儒敎)식 매장으로 1971년에는 매장 비율이 94퍼센트에 이르렀을 정도로 절대적 비율을 차지했었습니다. 매장 중심의 장묘 관행으로 2000년에 이르러서는 묘지 면적이 전 국토의 1퍼센트를 넘어섰고, 2050년이 되면 전 국토의 1.4퍼센트를 차지할 것으로 예상되기도 했습니다. 당시 통계로는 1인당 주택 면적이 6평이었던 반면 분묘 1기의 평균 면적은 15평이 넘는 상황이었습니다. 이러한 매장 위주의 장묘 관행은 국토 잠식, 자연환경 훼손, 토양 오염, 불법 및 무연고 묘지의 증가, 묘지 조성과 관리에 따른 비용의 지속적인 증가 등 폐해를 만들었습니다. 서양에서도 종교적 이유로 화장은 극도로 기피되었기에 오랜 기간 매장이 절대적 비율을 차지했습니다. 실제로 미국도 1960년대의 매장 비율은 95퍼센트를 상회했습니다.

하나뿐인 지구를 후대를 위해 온전하게 지키고 보존하려는 녹색 환경 운동은 장묘 문화에까지 영향을 주었습니다. 오늘날 거론되는 녹색 장묘는 환경적 영향을 최소화하는 장묘 문화를 의미합니다. 매장에 따른 여러 문제점으로 화장이 좀 더 녹색 장묘에 근접한 장묘 문화로 받아들여지고 있습니다. 따라서 한국을 포함한 대부분의 국가에서는 매장보다 화장을 장려하는 추세를 보입니다. 이러한 변화 속에 한국의 화장률은 2019년 기준 88.4퍼센트로 매해 가파르게 증가하고 있습니다. 이는 같은 해 미국의 화장률 54퍼센트를 훨씬 상회하는 수준입니다.

역사적으로 한국은 매장이 자리 잡기 전에는 화장이 성행했던 녹색 장묘의 오랜 역사를 가지고 있습니다. 한국의 화장 역사는 불교의 도입과 더불어 신라 시대까지 거슬러 올라갑니다. 서역(인도) 법식에 따라 화장할 것을 명한 신라 문무왕을 효시로 효성왕 때에 이르러 일반적으로 널리 행해진 것으로 알려져 있습니다. 이러한 불교식 화장은 통일신라를 거쳐 고려 시대에 이르기까지 크게 성행하였습니다. 고려 말기에 주자학이 도입되면서 불교는 배격되었고 이에 따라 불교식 화장도 금지되었으며 주자가례에 따른 유교식 토장(매장)으로 대체되었습니다. 조선 시대에 성리학자가 득세하고 숭유배불(崇儒排佛) 정책이 시행되면서 화장은 조선 시대 전 기간 동안 엄격히 금지되면서 16세기 이후 거의 사라지게 되었습니다. 20세기 초, 화장 규칙이 제정되고 근대식 화장장이 운영되면서 화장이 장묘 방식의 한 축을 담당하기 시작했고 그 비율도 가파르게 증가해 2000년에는 33.7퍼센트에까지 이르게 되었습니다.

각 나라와 지역에 따라 고유한 장례 장묘 문화가 존재했다면 최근에는 세계화의 영향으로 전 세계의 장례 장묘 문화가 검소하게 추모에 집중하며 친환경을 강조하고 추구하는 방식으로 비슷하게 바뀌고 있습니다. 보여주기식의 허례허식을 벗고 진정한 추모 분위기 속에서 소규모, 저비용, 친환경 장례 장묘 문화를 완성하기 위한 두 축이 가정 장례와 녹색 장묘라고 할 수 있습니다.

한국의 장례와 관련한 비용 중 가장 많은 부분을 차지하는 것이 음식입니다. 다음으로 장지 비용 등이 자리하고 있는데 불필요한 비용의 증가와 여러 부수적인 환경 폐해는 가정 장례와 녹색 장묘로 상당 부분 극복할 수 있을 것으로 보입니다.

현재 장사 등에 관한 법률에서는 매장, 화장, 자연장(自然葬)의 세 가지 장묘 형태만 허용하고 있습니다. 매장의 경우 허가받은 사설 묘지(개인, 가족, 문중, 법인 묘지 포함) 혹은 공설 묘지에 분묘를 설치하고 매장한 경우 15년을 주기로 설치 기간을 연장하도록 하고 있습니다. 하지만 연고자가 제때 연장 신청을 하지 않거나 관리 비용을 지불하지 않으면 무연고 묘지가 될 수 있습니다. 화장의 경우도 마찬가지입니다. 화장 이후 대부분 봉안당에 안치하게 되는데 10년 단위로 봉안 기간을 연장하게 됩니다. 그러나 이 또한 연고자가 없는 경우 무연고 유골로 처리될 수밖에 없습니다.

분묘를 설치해 매장한 경우나 화장 후 봉안당에 안치할 때는 자손들에 의해 온당하게 관리되고 추모되기를 기대했을 것입니다. 하지만 전 세계에서 가장 낮은 출산율을 보이고 있고 비혼 비율이 증가하면서 후손을 통한 장묘 관리를 기대하기는 점차 어려워지고 있습니다.

의도와 달리 무연고 묘지나 유골로 전락하는 불행을
피하기 위해서라도 녹색 장묘로의 대안을 지속적으로
찾아 나서야 합니다.

　　최근에는 녹색 장묘에 보다 근접한 장묘 방식으로
자연장이 대두되고 있습니다. 자연장은 화장 후 유골의
골분(骨粉)을 생분해 유골함에 담아 수목, 화초, 잔디 등의
밑이나 주변에 묻어 장사(葬事)하는 것으로 정의합니다.
자연장은 고인의 이름 등을 기록한 표지 외에 일체의
시설물을 설치하지 않아 자신의 흔적을 세상에 남기지
않으려는 최소한의 시도와 자연 순환에 밑거름이 된다는
녹색 운동의 목적에도 가장 부합하는 장묘 방식일 수
있습니다. 2019년 통계 자료에 따르면 국내의 자연
장지(수목장림)는 총 144개소로 2만 5753건을 수용하고
있는 것으로 확인됩니다. 이 수치는 매년 증가 추세를
보이고 있습니다.

　　그러나 기존의 자연장도 자연 장지 구입과 관리에
따른 비용이 발생할 수 있고 연고자의 지속적인

관심과 관리가 이루어지지 않는 경우 또 다른 형태의
무연고가 될 수 있습니다. 최근에는 자연장 이용률을
높이기 위해 자연 장지 설치에 대한 조건을 완화해
주거·상업·공업 지역(주거·상업·공업 전용 지역 제외)까지
자연 장지를 허용하는 법제화를 추진하고 있습니다.
이 제도가 실행되면 집 마당의 나무, 화초, 잔디 밑에
생분해되는 용기에 골분을 담아 지면에서 30cm 이상
깊이로 묻고 작은 표식만을 남기는 자연장도 가능하게
되어 자칫 무연고가 될 여지를 크게 낮출 수 있을 것으로
기대됩니다.

　　매장과 비교했을 때 화장이 친환경적이기는 하지만
화장을 하기 위해서는 상당한 양의 에너지가 필요합니다.
앞에서도 언급했듯 연소 과정에서 배출되는 유해 물질로
인한 대기 오염과 지구 온난화에도 일정 부분 영향을
줄 수 있다는 점에서 더 친환경적인 장묘 방식에 대한
연구와 시도가 꾸준히 진행되고 있습니다. 시신을 물과
알칼리성 용액을 섞은 기구 내에서 서서히 용해시키는

수분해장, 버섯 균사를 이용해 시신을 생분해하는 버섯
매장, 미생물을 이용해 자연스러운 퇴비화를 유도하는
자연 유기 환원장 등이 그 일환이라고 볼 수 있습니다.

이러한 시도가 새로운 장묘 방식으로 자리매김하기
위해서는 사회의 정서와 관습에 부합되면서 공감대를
형성할 수 있어야 합니다. 무엇보다 법제화가
선행되어야만 가능한 일입니다. 여러 우려가 존재함에도
미래 녹색 장묘에 대한 수요와 새로운 시도는 점차
늘어날 것이라는 점은 확실해 보입니다.


일생을 살면서 정립한 사고방식은 죽음과 관련해서도
존중되어야 합니다. 따라서 당사자가 원하는 장례 장묘
방식이 있다면 따라주는 것이 순리입니다. 설령 부모와
자식 사이에 이견이 있더라도 가능한 한 부모가 원하는
장례 장묘 방식을 따르는 것이 기본이 되어야 합니다.
죽음을 다루는 방식에 대한 것은 오롯이 당사자가
스스로가 결정할 사항이며 아무도 이에 대해 훈수를 둘
수 없는 것입니다.

죽음 이후 자신의 장례와 장묘를 어떻게 할 것인가에 대해 생각하고 미리 결정하는 것은 죽음을 예감하는 당사자뿐만 아니라 당장 죽음과 관련이 없을 것 같은 젊고 건강한 이들에게도 필요할 수 있습니다. 죽음을 상상하기조차 싫은 끔찍한 비극이나 공포로 여기기보다 누구나 거쳐야 하는 인생의 마지막 과정으로 생각하는 연습이 필요합니다. 그럼으로써 현재의 건강한 삶에 대해 경외감을 가질 수 있고 소중함을 깨달을 수 있습니다.

불필요한 흔적을 남기지 않고 인생을 어떻게 마무리할 것인가에 대한 고민은 지금의 삶을 더욱 진지하게 만들어줄 수 있습니다. 죽음 이후 장례와 장묘에 대한 생각과 다짐이 오랜 시간을 거치면서 확신으로 다져지면 종국에는 인생의 마지막 결정으로 완성될 것입니다.

# 나는 이렇게 죽을 것이다

죽음은 이 세상의 모든 자연 현상 중 가장 공평한 것이어서 누구도 피할 수 없습니다. 누구나, 언젠가는, 반드시 맞이하게 될 죽음이라면 화내거나 절망하기보다 정직하게 인정하며 평온하고 품위 있는 죽음을 맞이하면 어떨까요.

생명과 죽음의 순환과 연결은 할아버지, 아버지를 통해 나에게 전해졌고 다시 나의 아이들에게도 이어질 것입니다. 나의 죽음으로 지구별에 흔적을 남기려 한다거나 남은 이들에게 기억을 강요하고 싶지는 않습니다.

언젠가 우리 모두에게는 인생의 마지막 여행을 떠날 순간이 다가올 것입니다. 그때를 위해 자신의 의지에 따라 준비하고 결정하겠다는 마음의 훈련이 필요할 수 있다는 것을 이 책을 통해 전해보고자 했습니다.

이제 이 책의 마지막 장을 덮고 나니 죽음이 마냥 슬픈 것만은 아니라는 생각을 다시금 하게 됩니다. 죽음을 통해 어느 별에서 그리운 할아버지와 아버지를 다시 만날지도 모르니까요. 할아버지와 아버지를 만나면 왜 그때 지금의 나이가 아닌 내년의 나이를 궁금해하셨는지 되묻고 싶습니다.

# 당신은 이렇게 죽을 것이다

2021년 12월 1일 초판 1쇄 발행

**지은이** 백승철
**펴낸이** 김상현, 최세현 **경영고문** 박시형

**책임편집** 김선도 **디자인** 정아연
**마케팅** 임지윤, 양근모, 권금숙, 양봉호, 이주형, 신하은, 유미정
**디지털콘텐츠** 김명래 **경영지원** 김현우, 문경국
**해외기획** 우정민, 배혜림
**펴낸곳** (주)쌤앤파커스 **출판신고** 2006년 9월 25일 제406-2006-000210호
**주소** 서울시 마포구 월드컵북로 396 누리꿈스퀘어 비즈니스타워 18층
**전화** 02-6712-9800 **팩스** 02-6712-9810 **이메일** info@smpk.kr

쌤앤파커스(Sam&Parkers)는 독자 여러분의 책에 관한 아이디어와 원고 투고를 설레는 마음으로
기다리고 있습니다. 책으로 엮기를 원하는 아이디어가 있으신 분은 이메일 book@smpk.kr로 간
단한 개요와 취지, 연락처 등을 보내주세요. 머뭇거리지 말고 문을 두드리세요. 길이 열립니다.